ANGELIKA ROHWETTER

WECK DEN
OPTIMISTEN IN DIR!

Den Schwarzmaler im Hirn überlisten
und endlich glücklich werden

INHALT

So kam es zu diesem Buch 6
  Wie Sie dieses Buch nutzen können 8

EINLEITUNG: VOM SEGEN DES UNGLÜCKS 9

Woher Angst und Wut kommen, welche Funktionen sie in der
Entwicklungsgeschichte des Menschen einst hatten und wozu
sie in unserem heutigen Leben nützlich sein können

Das Gehirn und wie es für uns sorgt 10
  Vielschichtig: vom Aufbau des menschlichen Gehirns
  So tickt das Fühl- und Denkorgan 12

Tief in uns lauert der Säbelzahntiger 14
  Das Gehirn: flexibel, leistungsfähig ... rückständig
  Warum wir manchmal das Unglück lieben 15
  Was tun für ein glücklicheres Leben? 16
  Wann braucht man eine Therapie? 18

Die Versöhnung mit dem Säbelzahntiger 20
  Warum wir es uns gut gehen lassen sollten – und können
  Was spricht dagegen, glücklich(er) zu sein? 21
  Entscheiden Sie sich für das Glück! 24
  Den Schmerz anerkennen – und zurücklassen 24

Krisenbewältigung: wichtige Übungen zur Selbsthilfe 28
  Sofortmaßnahmen gegen Ärger, Trauer, Unbehagen
  Exkurs: Mut zur Selbstwirksamkeit 34

ALLES EINE FRAGE DER FANTASIE 35

Natürlich gibt es im Leben echtes Unglück. Aber manche Tragödie
denkt sich unser Gehirn nur aus – blitzschnell, in leuchtenden
Farben, in perfektem 3D. Und völlig daneben.

David und das Geheimnis der bunten Punkte 36
  Wo wir nichts sehen, da ist manchmal wirklich nichts
  Exkurs: das Gehirn und der Wunderblock 38
  Die Fantasie nutzbar machen 39
  Fragen ist die halbe Antwort 41

Die Brille: Augenglas in Affenhand 43
    Im Nu machen wir aus einem Missgeschick eine Katastrophe
    Ach du Schreck: Etwas Unbekanntes! 45

Helle Blitze, schwarze Gedanken: das Klostergespenst 50
    Wie wir uns Dinge erklären, die wir nicht verstehen
    Deutungshoheit im Arbeitshirn 51
    Beruhigung und Trost von innen heraus 54

Nicht im Hier und Jetzt – so laden wir das Unglück ein 57
    Wie wir uns unbemerkt aus der Gegenwart entfernen
    Im Kopf: die wilde Affenhorde 59
    Exkurs: über die Achtsamkeit 60

Horror: Ihr Kind hat einen Unfall 67
    Wie unsere Fantasie alles viel schlimmer macht, als es ist
    Hormone festigen Beziehungen 68

DAS ÜBERSEHENE GLÜCK   71

    Wir erkennen oft nicht die Geschenke des Lebens.
    Aber manchmal ist Gold, was glänzt.

Tiger, mach dich rar, wenn ich dich suche 72
    Fällt uns die Freude in den Schoß, werten wir sie ab
    Enttäuschung, Frust, Ernüchterung 74
    Vorfreude ist die schönste Freude 75
    Wehe, wenn das Dopamin verfliegt 76

Schulfreunde im Clinch: Wer spielt mit Lukas? 81
    Warum wir uns im Unglück am sichersten fühlen
    Das Schlechte wiegt schwerer 82
    Negatives bringt Aufmerksamkeit ein 83

Selbstüberlistung per Wackelkontakt 87
    Wie wir uns durch Altruismus unglücklich machen
    Nutzen Sie sich selbst aus? 88
    Immer gern? Auch mal nein! 89

Das Leben im Rückspiegel: Was hat gefehlt? 93
    Vor lauter Defiziten übersehen wir das vorhandene Gute
    Die Vergangenheit ist nicht vorbei 95

INHALT

PECH, UNGLÜCK UND TRAGÖDIEN 101

Manchen Problemen können wir nicht aus dem Weg gehen.
Aber wir können uns immer helfen und helfen lassen.

Was tun, wenn der Tiger wirklich zubeißt? 102
Pechsträhne selbst gedreht: Ein Unglück kommt selten allein
Distanz gewinnen, die Eigendynamik durchbrechen 103
Als Erwachsener handeln 106

Das schöne Fest und die Tränen des Pandas 109
Der Mensch braucht Pausen – auch vom Unglück
Trauer braucht vor allem Zeit 110
Das Leiden unterbrechen 111

Haare, keine Haare, »schönes Haare« 118
Wie wir uns im Unglück selbst noch unglücklicher machen
Vom Umgang mit Schicksalsschlägen 120

VOM ÄRGERNIS RUCK, ZUCK ZUM PROBLEM 127

Aufgrund von altem Unglück machen wir uns das Leben schwer.
Es belastet uns und kehrt als Wut oder Trauer verkleidet zurück.

Ballast im Kopfkino: lauter alte Filme 128
Das Böse von früher hält uns fest – wenn wir es zulassen
Wir traumatisieren uns selbst 130
Lassen Sie die Wunden der Seele heilen 131
Exkurs: Gefühle und Körper 138

Das Ferienhaus: Luftschloss mit Heizung 140
Wut macht manchmal blind – und ist von gestern
Kleiner Auslöser, große Wirkung 142
Der Klügere gibt acht: Deeskalation 145
Konkret bleiben, nicht pauschalisieren 148

Der Jongleur: Schwerkraft kontra Leichtigkeit 150
Wie wir mit Blamagen liebevoll umgehen können
Schämen ist (nicht mehr) lebenswichtig 151
Ernstfälle: wenn wirklich etwas passiert 154
Souverän umgehen mit Fehlern und Peinlichkeiten 158

Wünsch dir was – für dein einziges Leben 160
   Wie Verbote aus der Vergangenheit unser Leben einengen
   Alte Prägungen: mit Worten – und ohne 162
   Ohne Wünsche keine Erfüllung 163
   »Liebe dein Leben und dich selbst!« 168
   Freude und Dankbarkeit 169

Anstelle eines Nachworts 171
   Dialog von Amygdala und präfrontalem Cortex in der rechten Gehirnhälfte

Service 173
   Bücher und Adressen, die weiterhelfen 173
   Impressum 176

DIE GU-QUALITÄTS-GARANTIE

Wir möchten Ihnen mit den Informationen und Anregungen in diesem Buch das Leben erleichtern und Sie inspirieren, Neues auszuprobieren. Bei jedem unserer Produkte achten wir auf Aktualität und stellen höchste Ansprüche an Inhalt, Optik und Ausstattung. Alle Informationen werden von unseren Autoren und unserer Fachredaktion sorgfältig ausgewählt und mehrfach geprüft. Deshalb bieten wir Ihnen eine 100%ige Qualitätsgarantie.

Darauf können Sie sich verlassen:
Wir legen Wert darauf, dass unsere Gesundheits- und Lebenshilfebücher ganzheitlichen Rat geben. Wir garantieren, dass:
- alle Übungen und Anleitungen in der Praxis geprüft und
- unsere Autoren echte Experten mit langjähriger Erfahrung sind.

Wir möchten für Sie immer besser werden:
Sollten wir mit diesem Buch Ihre Erwartungen nicht erfüllen, lassen Sie es uns bitte wissen! Nehmen Sie einfach Kontakt zu unserem Leserservice auf. Sie erhalten von uns kostenlos einen Ratgeber zum gleichen oder einem ähnlichen Thema. Die Kontaktdaten unseres Leserservice finden Sie am Ende dieses Buches.

GRÄFE UND UNZER VERLAG. *Der erste Ratgeberverlag – seit 1722.*

SO KAM ES ZU DIESEM BUCH

Die Idee zu diesem Buch wurde am Ende eines furchtbaren Tages geboren. Schon die Nacht war grauenvoll gewesen für mich: Ich hatte befürchtet, blind zu werden (siehe ab Seite 50). Nachdem die Nacht überstanden war, konnte ich zum Meditieren meinen CD-Player nicht benutzen (siehe ab Seite 87), weil ich meinem Mann mein intaktes Gerät geliehen und das defekte für mich behalten hatte. Als ich beides in einem Gespräch erzählte, wurde mir klar, dass alles Unglück dieses Tages selbst gemacht war.

Außerdem bekam ich beim Mittagessen nichts mehr von den köstlichen Antipasti ab, weil ich zu spät zum Essen gegangen war; man will ja nicht als gierig erscheinen … Noch so ein »Unglück«.

Dieses Buch handelt davon, wie wir uns selbst das Leben schwer machen – und natürlich davon, wie wir das stoppen können, um unser Dasein besser zu genießen. Wut, Angst, Ärger und Enttäuschung sind nicht immer zu vermeiden und unsere latente Angst und Verletzlichkeit sind sehr groß. Aber wir können Strategien entwickeln, um unserer überbordenden Fantasie Grenzen zu setzen und schneller aus dem Unglück herauszukommen.

Unseren Sorgen widmen wir alle viel Aufmerksamkeit. Um sich unglücklich zu fühlen, braucht es nicht viel. Manchmal reicht es, sich nur aufzusagen, was noch alles zu erledigen ist: Einkaufen, Kind abholen, Gespräch mit Kollegin führen, Mutter anrufen und und … und schon sind wir mies gelaunt, genervt, manchmal sogar verzweifelt. Aber das alles produziert unser Gehirn selbst. Immer wieder gehen uns die ewig gleichen Gedanken durch den Kopf: »Werde ich das denn schaffen?« oder: »Warum widerfährt mir so viel Unrecht?« So begeben wir uns in eine Abwärtsspirale der negativen, schlechten Gefühle und hindern uns daran, ausgeglichen und zufrieden zu sein.

Jeder Anlass, und sei es nur ein Gelächter am Nachbartisch, kann die schlimmsten Vorstellungen auslösen. Aber in der Regel sind die Dinge in der Realität viel harmloser als in unserer Fantasie.

Eine zweite »zuverlässige« Technik, mit der wir uns oft unglücklich machen, ist es, sich das in der Vergangenheit erlebte Unglück immer wieder vor Augen zu führen. Erlebtes Leid zu vergessen ist sehr schwer. Wir können es ja noch jetzt fühlen, es steckt noch in uns. Und je öfter wir an altes Leid denken, umso realer und gegenwärtiger fühlt es sich an. Aber es geschieht nicht, *es ist vorbei* und die äußere Realität hat sich längst gewandelt: Wir tragen ein anderes Kleid, schreiben ein anderes Jahr, leben in einem anderen Haus. Es existiert »nur« noch im Kopf als unsere »innere Realität«. Und die können wir ändern!

Beide Arten, sich selbst unglücklich zu machen, sind einander rein physiologisch sehr ähnlich: Unser Gehirn spielt uns einen Streich, indem es auf eine gedachte Geschichte wie auf ein echtes Erlebnis reagiert. Diese Irrtümer zu durchschauen und ihnen etwas entgegensetzen zu können, davon handelt dieses Buch.

Trotzdem ist das Gehirn nicht nur ein »Miesmacher«, sondern bietet Schutz und ist Ratgeber, wenn wir rasch reagieren müssen. Und gleichzeitig ist das Gehirn auch der Ursprungsort aller guten Gefühle: Diese werden in der gleichen Region des Gehirns erzeugt wie die schlechten, nämlich im »limbischen System«. Der Teil, der für die guten Gefühle zuständig ist, heißt *Nucleus accumbens*. Ihn können wir beeinflussen, indem wir über das Bewusstsein neue Informationswege im Gehirn anlegen. Unser Gehirn ist nämlich unglaublich flexibel und lernfähig.

Die Freude steckt nicht in den Dingen, sondern im Innersten unserer Seele. Therese von Lisieux (1873–1897)

Wie Sie dieses Buch nutzen können

Als praktische Anwendungsfälle aus dem Leben erzähle ich Ihnen eine Reihe wahrer Erlebnisse und Geschichten, die ich von anderen, meist von Patienten, gehört oder selbst erlebt habe. An passender Stelle finden Sie für die jeweilige Situation hilfreiche **Tipps**. Diese Ratschläge können Sie auf viele Lebenslagen anwenden.

Zusätzlich finden Sie viele **Übungen.** Unter dem jeweiligen Titel steht eine Charakterisierung in Stichworten. Manche Übungen sind für den Notfall gedacht; sie brauchen oft nicht viel Zeit, sind meist leicht zu erlernen und wirken bei akuten Konflikten und Krisen. Es ist gut, zwei oder drei davon als festes Repertoire parat zu haben. Andere Übungen sind zwar schnell zu erlernen, sollten aber geübt werden, bevor Sie sie im Ernstfall einsetzen. Sie wirken gut im Umgang mit den Tücken des Alltags und stärken Ihre Selbstsicherheit. Manche Übungen erfordern einige Wiederholungen, sind dann aber sehr wirksam. Sie werden sogar in der Traumatherapie eingesetzt. Bei regelmäßigem Üben können Sie damit auf Dauer Ihre Stimmung stabilisieren.

Benutzen Sie dieses Buch, ganz wie es Ihnen am meisten Freude macht. Sie können alle Übungen durcharbeiten, ein- oder mehrmals. Sie können sich eine gerade passende Übung aussuchen oder Sie führen gar keine Übung aus, sondern amüsieren sich über die eine oder andere Geschichte, in der Sie sich wiedererkennen. Das kann Sie schon erleichtern und von dem Gedanken befreien, dass nur Sie so merkwürdiges Zeug denken oder tun.

Mein persönliches Repertoire, meine »innere Notfallapotheke«, enthält eine »Realitätsprüfung« (siehe ab Seite 48), in der ich mir die reale Situation vergegenwärtige. Außerdem umfasst sie Atemübungen (Seite 31) und die Übung »Innere Sicherheit« (ab Seite 46). Diese versetzt mich innerlich an meinen Lieblingsplatz. Je deutlicher das Bild wird, umso mehr Ruhe kehrt in mich ein.

EINLEITUNG: VOM SEGEN DES UNGLÜCKS

Wozu die Angst? Woher die Wut? Hier erfahren Sie, woher diese unangenehmen Gefühle kommen, welche Funktionen sie in der Entwicklungsgeschichte des Menschen einst hatten und wozu sie in unserem heutigen Leben nützlich sein können. Und dann werden wir darangehen, sie besser in den Griff zu bekommen …

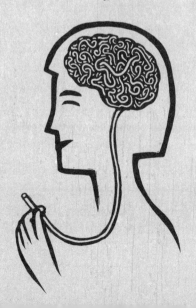

DAS GEHIRN UND WIE ES FÜR UNS SORGT

Vielschichtig: vom Aufbau des menschlichen Gehirns

Wir kennen auf Erden kaum etwas Großartigeres als unser eigenes Gehirn. Es hat sich in Jahrmillionen entwickelt; manche seiner Teile sind nach uraltem Plan gebaut. Über diesen langen Schatten können wir nur schwer springen.

Die **Amygdala** (siehe Abbildung gegenüber) ist ein Teil unseres älteren Säugetierhirns und für Angst und Flucht zuständig. Man könnte ihr geradezu eine angstgesteuerte Feindseligkeit nachsagen. Sie ist der Teil des Gehirns, in dem die meisten jener Gefühle ihren Ursprung haben, die wir als negativ empfinden, weil sie unangenehm sind. Ich spreche von Angst und Wut sowie ihren zahlreichen Variationen und Mischformen. Die Amygdala bildet zusammen mit dem **Nucleus accumbens** das limbische System. Der Nucleus accumbens ist das Belohnungszentrum, das die meisten subjektiv angenehmen, positiven Gefühle erzeugt.

Um zu verhindern, dass die ängstliche Amygdala die Alleinherrschaft über unser Gehirn an sich reißt, ist es wichtig, durch gute Erfahrungen – und Erinnerungen an gute Erfahrungen – die Frontallappen zu stärken. Dort sitzt nämlich unser persönliches Denken. Der **unguläre Cortex** hat mit Emotionalität, Lernen und sozialen Beziehungen zu tun. Er tritt dann in Aktion, wenn wir die Flexibilität und Lernfähigkeit unseres Gehirns nutzen wollen. Ein aktiver Frontallappen reduziert unsere Ängstlichkeit und bewirkt Gelassenheit. Wir können diesen Effekt durch positive Bilder erreichen, die uns bald zufriedener machen.

Die Zeichnung unten stellt unser Gehirn in stark vereinfachter Form dar. Um nicht zu sehr ins Detail zu gehen, betrachten wir nur die drei wesentlichen Bestandteile:

1. Den entwicklungsgeschichtlich ältesten Teil des Gehirns nennen wir **Stammhirn** oder **Reptilienhirn.** Wie schon der Name andeutet, sichert es unser nacktes Überleben. Im Ruhemodus sorgt es für so zentrale unwillkürliche Funktionen wie Atmung und Herzrhythmus, Hunger und damit Nahrungsaufnahme, für Verdauung, Bewegung und Fortpflanzung. Wird das Stammhirn aufgeregt, organisiert es auch unsere Notmaßnahmen, nämlich Flucht, Angriff oder Totstellen.

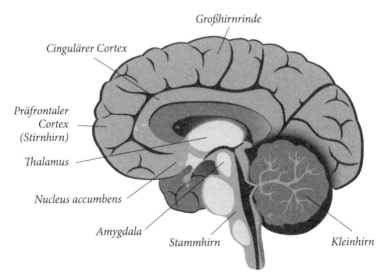

EINLEITUNG: VOM SEGEN DES UNGLÜCKS

2. Der zweitälteste Hirnteil ist das **limbische System,** das für
Fühlen und Empfinden zuständig ist. Hier sitzen die Mandel-
kerne (Amygdala), die alle hereinkommenden Sinnesreize
blitzartig beurteilen und dann entsprechende Aufträge ans
Stammhirn geben. Die Amygdala ist unser Angstzentrum.
Von ihr gehen fast alle Reaktionen aus, die uns das Leben
schwer machen. Aber manchmal rettet sie uns durchaus vor
realen äußeren Gefahren.

3. Der entwicklungsgeschichtlich jüngste Teil unseres Gehirns ist
das **Großhirn** (Cortex). Hier werden alle »höheren« Gehirn-
leistungen vollbracht, also die intellektuellen. Wichtig für unser
Fühlen, Urteilen und Verhalten ist dessen vorderer Teil, der
sogenannte präfrontale Cortex hinter der Stirn. Das Stirnhirn
funktioniert allerdings nur, wenn wir uns im »Ruhemodus«
befinden, also fern von realen oder eingebildeten Gefahren.

So tickt das Fühl- und Denkorgan

Alle Sinneseindrücke aus der Außenwelt, die unser Gehirn erreichen, durchlaufen bestimmte Kontroll- und Bewertungsstationen
im Gehirn, meist die Amygdala oder einen anderen Punkt des
limbischen Systems. Egal was wir hören, sehen, riechen, schmecken
oder tasten – alles wird dort streng untersucht auf lebensgefährliche
Bedrohungen, unüberwindliche Schwierigkeiten, starke oder
schwache Gegner. Die Aktivität des limbischen Systems – und zwar
im echten Gefahrenfall ebenso wie bei Fehlalarm – hat im Gehirn
immer Vorfahrt. Das limbische System unterdrückt also schlicht
unsere kognitiven Fähigkeiten! Das Reptiliengehirn übernimmt im
Zweifel die Kontrolle.

Das kann recht unangenehm werden, wahlweise auch peinlich,
denn bevor wir auch nur einen Gedanken fassen konnten, hat der

So tickt das Fühl- und Denkorgan

mächtige ältere Hirnteil längst eine Reaktion aus seinem urtümlichen Repertoire befohlen. Viel Auswahl hat er dabei nicht: Angriff oder Flucht, Angst oder Wut oder notfalls Totstellen.

Wir beschimpfen also unser Gegenüber, brechen den Kontakt ab oder verfallen in tiefes Schweigen. Die Amygdala hat Gefahr gemeldet; unser Stammhirn befiehlt Angriff. Dann – nach einer Pause, in der der Adrenalinspiegel absinkt – setzt das Großhirn wieder ein und bewertet die Situation neu. Und vielleicht müssen wir uns jetzt entschuldigen.

Nebenbei gesagt wird hier deutlich, dass Angst und Wut fast dasselbe sind. Doch Angst macht uns hilflos (Totstellen oder, wenn möglich, Flucht) und Wut lässt uns handeln. Wenn wir als Kinder niemals lernen konnten, mit Wut umzugehen, weil es nicht gestattet war, wütend zu sein, haben wir als Erwachsene sehr darunter zu leiden. Wir richten unsere Wut gegen uns selbst oder sehr subtil gegen die anderen.

Erst wenn wir uns von der Situation distanziert haben und in der Lage sind, all das häufig irreale Negative auszuschalten, können wir die Möglichkeit in Betracht ziehen, dass es gar nicht so schlimm oder sogar ganz nett ist, was uns da eben begegnet ist.

Das Gehirn ist die Schaltzentrale der guten Gefühle. Doch leider neigt dieses Organ zu ein paar Winkelzügen, die verhindern, dass wir so glücklich sind, wie wir sein könnten. Wir nehmen sie hin – nicht weil uns diese Taschenspielertricks nutzen, sondern weil wir sie einfach nicht kennen. Stefan Klein (*1965)

TIEF IN UNS LAUERT DER
SÄBELZAHNTIGER

Das Gehirn:
flexibel, leistungsfähig … rückständig

Unser gutes altes Denkorgan ist ein erstaunliches Erfolgsmodell –
ein Wunderwerk, leistungsfähiger als jeder Computer. Aber im
Kern erwartet es jederzeit urzeitliche Bedrohungen. Die Amygdala
wacht ängstlich über uns, als wären wir noch heute von Säbelzahn-
tigern und Mammuten bedroht. Und in manchen Menschen wacht
sie ganz besonders aufmerksam.

Bei uns allen »produzieren« zwar die chemischen Botenstoffe
(Neurotransmitter) die Gefühle, aber wie schnell jemand bereit
ist, mit Angst, Flucht oder Angriff auf ein Geschehnis zu reagieren, hängt maßgeblich von seiner individuellen Vergangenheit ab.
Das wissen wir immerhin, obwohl die komplizierten Zusammen-
hänge zwischen Gehirn, Psyche, Gefühlen und Lebensgeschichte
erst zu einem winzigen Teil erforscht sind. Kommt uns etwas
Bedrohliches in die Quere, kann das Gehirn äußerst nachtragend
sein. Haben wir in früher Kindheit viel Stress erfahren, Verlassenheit und Ängste erleben müssen, bleiben wir anfälliger dafür, auf

schwierige Lebenslagen mit Stresssymptomen zu reagieren. Die Stressbereitschaft ist dauerhaft größer als bei anderen, weil nicht nur die Amygdala aufbraust, sondern ihr auch die Erinnerungen recht geben: Das Leben ist gefährlich und das war es schon immer, denn wir haben viele schreckliche Dinge erlebt.

Derartige Komponenten stecken in unserer Persönlichkeit und die ist eindeutig mehr als die Summe ihrer bekannten Teile, mehr als alle messbaren Gehirnfunktionen zusammen. Das beschreibt eindringlich der junge amerikanische Philosoph und Kognitionswissenschaftler Alva Noë in seinem Buch »Du bist nicht dein Hirn«, einer leidenschaftlichen Kritik an der Hirnforschung (Buchtipps siehe ab Seite 173).

Warum wir manchmal das Unglück lieben

Hungrige Bärenmütter, giftige Kräuter oder auch feindliche Stämme stellen in unserem heutigen Alltagsleben zu vernachlässigende Gefahrenquellen dar. Vor den meisten dieser Bedrohungen müssen wir nicht mehr gewarnt werden. Trotzdem haben wir einen Gewinn davon, dass wir uns auf die Gefahr fokussieren. Wir führen diesen prähistorischen Zustand fort, auch und vielleicht besonders in unseren Beziehungen. So bekommen wir einfach mehr Aufmerksamkeit (siehe ab Seite 83). Das ist durchaus ein Gewinn, sozusagen ein »Glück im Unglück«, wenn auch kein erstrebenswertes.

Oft erzählen mir Patienten, wie liebevoll sich die Eltern um sie gekümmert haben, wenn sie krank waren. So bekommt meine Freundin Marlies noch heute leuchtende Augen, wenn sie an ihre Scharlacherkrankung zurückdenkt. Sie war damals vier Jahre alt und ihre Mutter war mit dem dritten Kind schwanger. Scharlach galt als sehr gefährlich für Schwangere, und die kleine Schwester sollte auch nicht angesteckt werden. Deswegen kam Marlies in

EINLEITUNG: VOM SEGEN DES UNGLÜCKS

Quarantäne. Das heißt, sie wurde bei der Oma untergebracht, die oben in der ersten Etage des Elternhauses wohnte. Jeden Morgen, gleich nach der Frühmesse, kam Tante Maria vorbei und las aus einer Sammlung von Heiligenlegenden vor – die katholische Kirche hat bestimmte Heilige für jeden Tag des Jahres. Für Marlies war dies der erste Fortsetzungsroman ihres Lebens und sie war jeden Morgen gespannt auf den weiteren Verlauf. Vielleicht stammt der leicht morbide Humor, den ich an ihr so mag, von den Märtyrergeschichten ihrer Scharlachzeit.

Die Oma versorgte sie bestens, schimpfte nicht wie sonst mit ihr und trug sie ab und zu zum Treppenabsatz, von wo aus sie der Mutter und der kleinen Schwester zuwinken konnte. Dabei fühlte sie sich wichtig – fast wie eine Prinzessin. Abends, zur Krönung des Tages, setzte sich noch der sonst immer viel beschäftigte Vater an ihr Bett, plauderte mit ihr und erzählte ihr ein Märchen.

Sind also ausgerechnet Kranksein oder Unglück etwa erstrebenswerte Zustände?! Natürlich sind sie das, gar keine Frage. Diese liebevolle Aufmerksamkeit, die intensive Versorgung und Unterstützung bekommen wir niemals, wenn wir rundum gesund sind! Aber abgesehen davon, dass wir ja gar keine Hilfe brauchen, wenn es uns gutgeht: Wollen wir den Preis dafür wirklich zahlen? Wollen wir in der ersten Etage im Bett liegen, wie fein auch immer umsorgt, wenn im Parterre das bunte Leben vorüberzieht?

Was tun für ein glücklicheres Leben?

Obwohl sie es als anscheinend einsichtige Erwachsene rational längst besser wüssten, sind viele Menschen geradezu manisch auf ihr Unglück fixiert. Sie ziehen ihren Gewinn daraus, weil sie gar nicht gelernt haben, dass Freude ein viel direkterer Gewinn ist und uns außerdem gesund hält. Kennen Sie das von sich?

Dann ist es Zeit, etwas zu unternehmen. Wechseln Sie Ihre Perspektive! Dafür gibt es hier gleich eine erste Übung.

Zu meinem persönlichen Alltagsunglück zählt schlechtes Wetter. Es schlägt mir wirklich aufs Gemüt. Ich werde richtig wütend, wenn jemand behauptet, es gäbe kein schlechtes Wetter, sondern nur falsche Kleidung. Besserwisser, gefühllose! Zum Thema Sauwetter empfehle ich die folgende Übung.

Schlechtwetterausflug

- Einsteigerübung
- Versöhnt mit Wind, Wetter und der Welt
- Macht Spaß und ist gesund

Draußen ist es düster, grau und feucht – das Wetter, bei dem man den sprichwörtlichen Hund nicht vor die Tür schicken möchte. Die Kälte kriecht einem zwischen Haut und Pullover, sobald man nur aus dem Haus tritt. Lust auf eine neue Erfahrung? Also: Tee aufbrühen und in eine Thermoskanne füllen. Und dann wappnen sie sich für draußen – mit Freundin, Mann und Kindern, allen zusammen, in jeder beliebigen Kombination oder auch allein. Alle ziehen sich ganz warm an! Vielleicht haben Sie sogar einen Handwärmer oder einen Muff – schade, dass die aus der Mode gekommen sind. Nehmen Sie mit, was Sie jetzt draußen brauchen: eine Taschenlampe, den Lampion vom letzten Laternenzug, etwas Studentenfutter? Mütze nicht vergessen, Schal, Gummistiefel … So eingepackt und gerüstet verlassen Sie das Haus. Auf dem Weg ist es erlaubt, ein Lied zu singen, durch Pfützen zu platschen, das Gesicht in den Regen zu halten … Ihnen ist warm. Und das bisschen Sauwetter hindert Sie nicht daran, die Welt als angenehmen Ort zu erleben, an dem Sie sich geborgen fühlen.

Wann braucht man eine Therapie?

Dieses Buch soll ein Helfer für Sie sein, mit dem Sie den kleinen und mittleren Unbilden des Alltagslebens besser begegnen können. Es soll Sie dabei unterstützen, sich nicht alten, schwarzen Gedanken hinzugeben. Sie sollen in meinen Geschichten Ihren »ganz normalen Wahnsinn« wiedererkennen und sehen: Er ist absolut menschlich. Mithilfe der Tipps und Übungen sollen Sie den Teufelskreis des Negativen durchbrechen und den Schleifen von Unglück und Selbstmitleid entrinnen. Das geht nicht von heute auf morgen und in manchen Fällen genügt all das nicht.

Gebranntes Kind scheut das Feuer

Besonders ängstlich und verletzt reagieren unser Gehirn und unsere ganze Persönlichkeit, wenn uns im Leben, vor allem in unseren frühesten Jahren, viel reales Unglück widerfahren ist. Dann glauben wir zu *wissen,* dass unser angeborenes Misstrauen berechtigt ist, und im Stirnhirn, dem präfrontalen Cortex (siehe Seite 12), werden die Bewertungen, die die Amygdala vornimmt, dieser urtümliche, mächtige Teil unseres Gehirns, gar nicht mehr rational angezweifelt. Wir fühlen uns dann grundsätzlich unglücklich und sind hilflos diesem Gefühl ausgeliefert, das sich teuflischerweise laufend selbst bestätigt. Es scheint sich immer wieder zu bewahrheiten, weil wir einfach nicht über den Tellerrand blicken können.

Sehen Sie bei sich eine ähnliche Eigendynamik des Unglücks? Trifft diese Beschreibung in etwa auf Sie zu? Dann lassen Sie sich nicht einreden, Sie seien »nur zu empfindlich« und müssten sich endlich mal »ein dickeres Fell zulegen«. Menschen mit vielen schrecklichen frühen Erfahrungen haben einfach empfindliche Seelen. Vernachlässigung und Misshandlungen können seelische Folgen haben wie Depressionen, Panikattacken und Ängste sowie körperliche Auswirkungen, etwa Bluthochdruck oder Übergewicht.

Manche Patienten erkennen bei sich vielleicht schon rational einen Mangel an Urvertrauen, wissen aber noch gar nicht, was konkret hinter ihrem Leiden steckt, denn die schlechten frühen Erfahrungen können ganz unterschwellig und unauffällig gewesen sein und vor jeder Erinnerung begonnen haben. Misshandlungen sind ja beileibe nicht immer körperlich oder nach außen sichtbar. Aber die langfristigen Effekte verfestigen und verselbstständigen sich und sind nur mühsam und mit viel Ausdauer und Achtsamkeit zu heilen.

Brauchen Sie eine Begleitung?

Für die Bewältigung einer allzu belasteten Vergangenheit brauchen wir jemanden, der sich unsere Geschichte geduldig anhört – in aller Regel viele Male – und der Verständnis hat für unser akutes Elend. Wir brauchen jemanden, der uns hilft, endlich das zu verarbeiten und überwinden, was uns einst zugestoßen ist, der uns behutsam dabei begleitet, von diesem Unglück allmählich loszukommen ins erwachsene Leben der Gegenwart hinein.

Eine Therapie wirkt natürlich nicht so schnell wie eine Tablette bei Kopfweh. Sie ist ein Weg, den Sie gegebenenfalls selbst gehen müssen, und nichts, was jemand an Ihnen von außen vollbringen könnte. In der Zwischenzeit können Sie es auf jeden Fall mit diesem Buch versuchen. Wenn aber keine der Geschichten in meinem Buch Sie zum Lächeln bringt und keine der Übungen Ihre Stimmung ein wenig heben kann, auch nach mehreren Wiederholungen nicht, wenn Ihnen manche davon sogar eher Angst einflößen oder Beklemmungen verursachen, dann brauchen Sie wahrscheinlich eine Psychotherapie. Diese kann Ihnen für eine gewisse Zeit den sicheren Raum bieten, den Sie für diese Entwicklungsphase benötigen. Wie Sie die den richtigen Therapeuten oder die für Sie passende Gruppe finden können, wissen Ihr Hausarzt oder Ihre Krankenkasse (Adressen siehe Seite 174).

DIE VERSÖHNUNG
MIT DEM SÄBELZAHNTIGER

*Warum wir es uns gut
gehen lassen sollten – und können*

Wir haben nun gesehen, dass die große Vorsicht, die unser Gehirn an den Tag legt, also seine latente Angst und Fluchtbereitschaft, nachvollziehbare Gründe aus der Vergangenheit hat. Der Hirnforscher Manfred Spitzer sagt, die lustigen, tanzenden Frühzeitmenschen habe damals schon der Säbelzahntiger oder ein anderes Monster gefressen. Von diesen Unvorsichtigen können wir also gar nicht abstammen. Er will damit sagen: Für einen permanenten Glückszustand ist unser Gehirn nicht angelegt. Glück ist immer ein kurzes, nicht alltägliches Gefühl. Als Dauerzustand ist es nicht zu haben, Zufriedenheit und Freude dagegen können wir zu unserem überwiegenden Lebensgefühl machen.

Mit jeder kleinen Übung kommen wir diesem Ziel näher, bis wir merken: Die realen Gefahren, die uns im Alltag begegnen, sind mit alltäglicher, geringer Wachsamkeit leicht zu bewältigen. Das Gute daran ist: Wir können unsere Aufmerksamkeit auf etwas anderes richten, nämlich auf das, was schön ist im Leben: nicht die großen Tage mit erhebendem Glücksgefühl, sondern all die kleinen Schätze des Alltags: Sonnenstrahlen, blühende Blumen, Lächeln, Spiele, gutes Essen, Arbeit, Hobbys, Laufen, unser Lieblingsbild an der Wand – öfter wechseln, das macht neue Freude –, eine Landschaft, Abende im Garten und und und…

Was spricht dagegen, glücklich(er) zu sein?

Immer wieder bin ich in Therapien verwundert, wie viel Widerstand Menschen gegen positive (!) Veränderungen leisten können. Das klingt dann etwa so: »Ich will mich ja ändern, aber ich kann nicht!« Daran mag etwas Wahres sein, denn Veränderungen sind schwer. Unsere Gehirnzellen haben per Synapsen-Verkabelung eine Schneise geschlagen, die dann routinemäßig befahren wird: Auslöser, Angst oder Wut, bekannte Reaktion, Resignation… Manchmal allerdings habe ich das Gefühl, es muss noch eine andere Erklärung geben. Nicht immer kann ich dem »Ich will ja, aber…« so recht glauben. Die gemeinsame Suche mit dem Klienten stößt oft auf ähnliche Klischees. Es ist tatsächlich eine Reihe von Vorbehalten gegen das Glück im Umlauf – die wir hier der Reihe nach aus dem Weg räumen.

Irrlehre 1: Glückliche Menschen sind oberflächlich

Das Unglück findet in unserem Leben ungleich mehr Beachtung als sein Gegenteil. Tragödien und Katastrophen sind doch tief, schicksalhaft, interessant und geheimnisvoll. Oder? Glücklich zu sein und dankbar dafür zu sein ist aber nicht weniger interessant, wenn wir nur die richtigen Fragen stellen. Ich ärgere mich zum Beispiel manchmal, wenn in den Medien von Verbrechen berichtet wird, die sich angeblich mit der unglücklichen Kindheit des Täters erklären lassen. Wo sind die Sensationsberichte über Menschen,

EINLEITUNG: VOM SEGEN DES UNGLÜCKS

die als Kind misshandelt und vernachlässigt worden sind und aus denen trotzdem etwas geworden ist? Wie haben sie das gemacht? Was hat ihnen dabei geholfen, ihren Weg zu finden? Ist das nicht ebenfalls spannend?

Auch die Literatur, Belletristik ebenso wie Sachbücher, bevölkern vor allem unglückliche Menschen und tragische Gestalten, Bösewichter und ihre Opfer. Ich kenne nur einen Roman, der von glücklichen Menschen handelt: »Pallieter« von dem Flamen Felix Timmermans, entstanden 1916. Pallieter ist ein »Lebensgenießer« und er findet das keineswegs langweilig. Er genießt sein Glück, nicht eines, das er sich schwer verdient hätte, nein, es ist ein Glück, das er einfach *hat*. Und er weiß, dass er es hat. Raten Sie mal, welches Buch ich am öftesten gelesen habe.

Irrlehre 2: Zufriedenheit ist auf Dauer langweilig

Ein ähnlicher Einspruch gegen die Zufriedenheit ist der, sie sei doch irgendwie lau und durchschnittlich. Aber daraus sprechen nur Neid und unbefriedigte Sensationslust. Denn es ist keineswegs einfach und selbstverständlich, sich Zufriedenheit zu erarbeiten und aufrechtzuerhalten. Es braucht sogar viel Fantasie und Aktivität – am besten in einem Freundeskreis. Lesen Sie einmal das Buch »Sternhagelglücklich« von Christoph Koch über das Abenteuer, sein Glück zu suchen und festzuhalten.

Irrlehre 3: Die Glücklichen sind Egoisten

Ist es nicht eigennützig, sich immerzu darum zu kümmern, dass es einem gut geht? Diese Kritik ist blanker Unsinn! Egoisten sind doch genau die, deren Gedanken sich nur um ihr eigenes negatives Befinden drehen, womit sie liebend gern uns alle behelligen! Nachzudenken, wie wir den anderen bei ihrem Glück behilflich sein können, das könnte uns sehr glücklich machen.

> **Der gesunde und sich selbst verwirklichende Mensch erlebt Glück dann, wenn er anderen etwas geben kann.** Stephan Lermer (*1949)

Noch zufriedener macht es uns tatsächlich, Gutes zu tun. Das zeigt ein bekanntes Experiment aus der Hirnforschung: Es macht Menschen für einen Tag glücklich, wenn man ihnen etwas Geld schenkt. Länger macht es sie glücklich, wenn sie dieses Geld mit anderen teilen und zum Beispiel Freunde zum Essen einladen.

Irrlehre 4: Meine Eltern waren auch unglücklich

Kaum jemand weiß ganz genau, wie glücklich seine Eltern sind oder waren. Aber für manche Menschen ist das Unglücklichsein so etwas wie Treue zu ihren angeblich so unglücklichen Eltern.

Das kann seltsame Blüten treiben. In der Ausbildung hörte ich die Geschichte von einem begabten und erfolgreichen Chirurgen, der ein auffälliges Problem hatte: Körpergeruch aufgrund mangelnder Hygiene und ungewaschener Kleidung. Er wurde deshalb mehrfach ermahnt. Als es ihm nicht gelang, den Zustand dauerhaft zu ändern, machte er eine Therapie. Der Therapeut brauchte nicht lange, um gemeinsam mit ihm den Grund zu finden: Der Vater des jungen Mannes war ein Nichtsesshafter, ein »Berber«. Der Chirurg ließ ihm ab und an Geld zukommen, aber er schämte sich, seinem Vater »geschniegelt« zu begegnen. Er wollte ihm nicht das Gefühl geben, er, der Sohn, sei »etwas Besseres«.

Um ein gutes Leben zu führen, müssen wir das Unglück der Eltern unbedingt hinter uns lassen. Sie wollten doch, dass wir es einmal besser haben. Nehmen wir sie beim Wort! Und wenn wir unglücklich sind, hilft das niemandem. Wir sind selbst Erwachsene und haben ein Recht auf ein zufriedenes eigenes Leben!

EINLEITUNG: VOM SEGEN DES UNGLÜCKS

Entscheiden Sie sich für das Glück!

Vielleicht gibt es fast so viele derartige Selbstbremsen wie unglückliche Menschen. Aber ob Sie nun bisher einem der beschriebenen Irrtümer aufgesessen sind oder nicht: Dass Glück und Zufriedenheit etwas Erstrebenswertes und Schönes sind, darauf können Sie sich doch erst einmal mit mir einigen, ja?

Das Glück ist gesund

Glücklich zu sein ist nicht nur subjektiv schön, sondern auch körperlich gesund. Die allerbeste Motivation dafür, glücklich oder immerhin dankbar und zufrieden zu sein, ist tatsächlich: Es ist gut für die Gesundheit! Stress – und genau den bewirken Wut, Angst, Ärger für den Körper – verursacht Ausschüttungen von Adrenalin und Noradrenalin. Diese wiederum führen zu Herzklopfen, erhöhtem Blutdruck und größerer Infektanfälligkeit. Gute Gefühle hingegen, und zwar besonders die Dankbarkeit, haben nachweislich den entgegengesetzten Effekt: Sie stärken das Immunsystem!

Den Schmerz anerkennen – und zurücklassen

Wie oft können wir über eine Verletzung weinen, die uns vor einem, zehn, ja vor fünfzig Jahren zugefügt wurde? Ganz einfach: So oft wir nur wollen! Wie einen Film können wir das Geschehene in unserem inneren Kino neu abspulen und die alten Gefühle wieder erleben. Was ist die Alternative? Langsam können wir uns die Gewissheit und das Gefühl aneignen, dass das Geschehen vorbei ist. Es ist Vergangenheit!

Da es sehr förderlich für die Gesundheit ist, habe ich beschlossen, glücklich zu sein. Voltaire (1694–1778)

Wir wollen es nicht leugnen, uns nicht wie ein jammerndes kleines Kind beschwichtigen, zu dem wir sagen: »Ist doch nicht so schlimm, ist ja schon gut.« Nein, es *war* schlimm, sehr sogar, demütigend, entwürdigend, beschämend, verletzend. Wir sagen also liebevoll, aber mit Nachdruck zu uns wie zu einem Kind: »Ja, es *war* furchtbar. Dir ist sehr wehgetan worden. Und nun ist es vorbei!« Wenn wir angefangen haben, emotional das Jetzt vom Damals zu unterscheiden, können wir hinzufügen: »Ich bin bei dir und bleibe für immer an deiner Seite! Ich passe auf, dass dir so etwas nie wieder passiert. Das verspreche ich dir!«

Natürlich kann Ihnen auch als erwachsener Person jederzeit ein Unglück zustoßen. Wenn Sie sich aber bewusst bleiben, dass Sie erwachsen sind, werden Sie sich dem Geschehen nie wieder so hilflos ausgeliefert fühlen wie als Kind.

Entscheiden? Geht das denn?

An dieser Stelle, einem echten Knackpunkt, kommt nicht nur in Therapiesitzungen immer aufs Neue der Widerspruch: Wie kann es *einfach* nicht mehr wehtun? Wie soll das gehen? Kann man das überhaupt entscheiden? Meine Antwort darauf ist: Ja! Ich bin der festen Überzeugung, dass *man kann*.

Ich gebe zu: Man kann das nicht immer und unter allen Umständen, denn in manchen Lebenslagen braucht man unbedingt eine Therapie (siehe ab Seite 18), und wenn etwas ganz Schreckliches passiert, brauche ich auch als Erwachsene die Hilfe von Freunden und Beratern. Doch grundsätzlich lässt die Struktur des Gehirns eine solche Entscheidung zu.

Wir akzeptieren natürlich alle Leiden, die wir »früher«, meist als Kind, erlebt haben, erkennen sie an und entwickeln ein liebevolles Mitgefühl mit uns selbst. Dieses Mitgefühl ist übrigens in der Großhirnrinde angesiedelt, und zwar unglücklicherweise im

EINLEITUNG: VOM SEGEN DES UNGLÜCKS

linken Stirnhirn. Dieses ist gleichzeitig unser Arbeitshirn, es ist schneller als die rechte Seite und versucht alles, also auch traurige Erinnerungen, möglichst lange zu speichern. In dieser Region sitzt nämlich auch das Langzeitgedächtnis.

Im Gegensatz zu diesem Mitgefühl ist Selbstmitleid von Wut und Vorwürfen geprägt. Wir kennen das von manchen Menschen, die gern trotzig und aggressiv sagen: »So bin ich eben!«

Das »Selbstmitgefühl« dagegen hilft uns, unser »Gewordensein« zu begreifen und anzuerkennen. Versöhnliche Selbsterkenntnisse und Gedanken in diesem Sinne könnten etwa so lauten: »Ich weiß, dass ich so bin, wie ich bin. Für alle meine Fehler und Schwächen habe ich einen Grund. Es gibt dafür eine Erklärung, die in meiner Geschichte liegt. Ich bin weder zufällig so geworden noch selbst schuld daran. Und ich bestehe nicht darauf, für immer so zu bleiben. Jede Veränderung braucht ihre Zeit und man lernt nie aus. Deshalb bin ich im Augenblick noch nicht anders zu haben.«

Mit der Vergangenheit abschließen

Wir müssen uns zu Eigen machen, dass die Schrecknisse aus unserer frühen Vergangenheit vorbei sind, wirklich vergangen, wenn auch nicht vergessen. Inzwischen sind wir längst erwachsen, viele von uns haben eine eigene Familie. Wir schreiben das Datum von heute, unsere Eltern sind inzwischen alt und schwächer als wir, wenn sie überhaupt noch leben. Wir haben hier und heute die Freiheit, das Recht und sogar die Pflicht, unser Leben selbstbestimmt zu gestalten. Ein kleines Beispiel dafür, wie man sich entscheiden kann, zeigt die nächste Übung.

> **Mehr als die Vergangenheit interessiert mich die Zukunft, denn in ihr gedenke ich zu leben.** Albert Einstein (1879–1955)

Eine andere Melodie spielen

- Lernübung, braucht etwas Routine
- Zeigt Ihnen den Reichtum Ihres Lebens
- Bringt Sie auf positive Gedanken

Häufig gehen uns hartnäckig unangenehme Gedanken durch den Kopf, Erinnerungen an negative Erlebnisse oder Peinlichkeiten. Das verhält sich ganz ähnlich wie mit den lästigen musikalischen »Ohrwürmern«, die wir alle kennen. Ähnlich wie diese können wir auch den Gedankenwurm loswerden.

Im vordigitalen Zeitalter hätte man diese Übung wohl mit der Bezeichnung »Eine andere Platte auflegen« versehen. Vielleicht kennen Sie diesen Satz noch. Früher bekam man ihn oft zu hören, wenn man sich immer wieder über dieselbe Sache beschwerte.

Also: Tun Sie genau das in Ihrem Kopf mit Ihrem Gedankenwurm. Sie sollten es sich ganz plastisch vorstellen: Ich nehme diese imaginäre CD aus dem Player, lege sie in ihr Cover und ins Regal zurück – vielleicht versteckt hinter die anderen CDs.

Und jetzt suche ich mir eine neue Scheibe aus und lege sie auf: Den Gedanken an ein wunderbares Fest, das ich erlebt habe oder veranstalten werde, an meinen nächsten Urlaub …

Seien Sie nicht zu streng mit sich. Lästige Gedankenwürmer zu vertreiben braucht eine Weile, vor allem wenn sie mit Ängsten verbunden sind. »Erwischen« Sie sich dabei, dass der unliebsame Gedanke wieder auftaucht, lächeln Sie ihn an: »Wer hat dich denn hergebeten?« Dann stellen Sie ihn ins Regal zurück.

Fortgeschrittene in Sachen Glück legen keine CD auf, sondern lenken ihre Aufmerksamkeit schlicht darauf, was sie gerade tun. Diese Zentrierung im Hier und Jetzt kennen wir aus der buddhistischen Lehre und Meditation unter dem Begriff »Achtsamkeit« (siehe ab Seite 60). Viele Therapiemethoden haben sie übernommen.

KRISENBEWÄLTIGUNG: WICHTIGE ÜBUNGEN ZUR SELBSTHILFE

Sofortmaßnahmen gegen Ärger, Trauer, Unbehagen

In diesem Kapitel habe ich eine Reihe wichtiger Übungen versammelt, die gegen schlechte Gefühle jeder Art helfen. Sie können bei Bedarf gleich hier anfangen und sich Übungen aussuchen. Oder Sie lesen zuerst meine Erlebnisse und Geschichten und die psychologischen Exkurse dazu (ab Seite 35).

Lassen Sie sich nicht davon irritieren, dass die Übungen in allen Situationen helfen sollen, in denen Sie psychisch leiden. Angst, Wut, Traurigkeit, Nervosität und alle anderen bedrückenden Gemütszustände fühlen sich schließlich verschieden an. Aber wir wissen inzwischen, was wir mit unserem Gehirn tun müssen, um auf Umwegen die Amygdala zu entspannen: Wir müssen vor allem den präfrontalen Cortex auf Vordermann bringen. Hat er ordentlich Power, lässt sich der Angsthase Amygdala nicht mehr so leicht erschrecken – und damit haben wir genau das, was der Volksmund »ein dickeres Fell« nennt. Vornehmer ausgedrückt: Wir entwickeln Ruhe, Reife und Gelassenheit.

Erste Hilfe aus dem Schrank

○ Für Notfälle
○ Lenkt ab durch Beschäftigung
○ Tröstet durch einen Genuss

Diese Übung oder Methode ist hilfreich, weil wir mit ihr etwas Konkretes *tun*. Wir holen sozusagen ein Bonbon aus der Tasche, das uns im Notfall tröstet und beruhigt. Erinnern Sie sich an alles, was Ihnen guttut, und geben Sie diesen Sachen einen festen Platz im Schrank. Ihr Gehirn hat auf diese Dinge schon einmal positiv reagiert und wird es erneut tun. Es wird dann einen positiven Impuls aussenden, ein körperliches Wohlbefinden herstellen und die innere Ruhe stärken.

Erinnern Sie sich an die vielen Dinge, die Sie gern getan, erlebt, genossen oder irgendwie gemocht haben. Erinnern Sie sich an Ihre Gefühle dabei: Wie war es, bei Gefahr in die Arme Ihrer Mutter zu flüchten, sich bei einer Krankheit fein versorgen zu lassen (siehe ab Seite 15), die große, sanfte Hand des Hausarztes zu spüren? Denken Sie an alles, was Sie getröstet und beruhigt hat. Mich tröstet zum Beispiel eine Scheibe Brot mit Margarine und Senf genauso wie andere Menschen eine Tafel Schokolade. Richtig schön war es auch bei meiner Großmutter, bei der ich schon als Achtjährige abends Spielfilme gucken durfte – neben ihr auf dem Sofa bei einem Glas Zitronensprudel.

Sicher, diese Situationen sind Vergangenheit. Trotzdem lassen sie sich wiederherstellen. Unser Gehirn unterscheidet, wie gesagt, nicht so sehr zwischen Gegenwart und Vergangenheit, wenn die Bilder nur intensiv genug sind. Und um uns selbst Gutes zu tun, nutzen wir diese kleine Ungenauigkeit, diese Verwechslung.

Als Erwachsene können und sollten wir also für uns selbst die fürsorgliche Mutter oder Großmutter sein und ein Gefühl von

EINLEITUNG: VOM SEGEN DES UNGLÜCKS

Ruhe und Geborgenheit verbreiten. Wir nennen dies Selbstwirksamkeit (siehe Seite 34). Behandeln Sie sich selbst so, wie Sie als liebevolle Person ein geliebtes reales Kind behandeln würden.

Mit diesen Übungen erreichen Sie zweierlei: Sie können sich für den Augenblick Beruhigung verschaffen und erreichen zugleich die Vergangenheit: Sie erfreuen das Kind, das Sie einmal waren. Also los: Schreiben Sie auf, was Sie gern haben, und dahinter, was Sie dafür brauchen; so genau wir möglich, etwa so:

Für gutes Gefühl – gegen Frust, Einsamkeit, Angst und Trauer	Zutaten, Material
Etwas Leckeres essen	Vanilleeis, tiefgefrorene Früchte
Schöne Bilder ansehen	Bildband von Indien
Gemütlicher Abend allein	Ingwertee und ein Bollywood-Film
Ein trauriges Erlebnis verdauen	Eine rote Kerze, Musik von Leonard Cohen, ein Glas Lambrusco

… okay, die Lambrusco-Fantasie kommt nicht wirklich aus meiner Kinderzeit! Aber jetzt sind Sie dran:

Für gute Gefühle	Zutaten, Material
…	…
…	…
…	…

Nun ist natürlich entscheidend, dass Sie alle Ihre Zutaten ständig in Ihrem Haushalt auf Lager haben – eben in Ihrem besonderen Medizinschränkchen für seelische Notfälle. Ich zum Beispiel brauche immer Ingwer im Haus, Räucherstäbchen, ein Hörbuch, Nüsse, ein Schaumbad und außerdem einen der fantasievollen, romantischen Romane aus Indien.

Einfache Atemübung

- Für Notfälle unverzichtbar
- Wirkt aktivierend und antidepressiv
- Beruhigt und lindert Schmerzen

Atmen müssen wir sowieso. Immer. Und trotzdem halten wir immer wieder den Atem an – vor Schmerz, Schreck oder Angst. Wir sind dann regelrecht außer uns. Durch bewusstes Atmen kommen wir umgekehrt schnell wieder zu uns.

Atmen Sie als Erstes aus, nicht besonders heftig, sondern ganz normal, aber bewusst. Dann atmen Sie langsam ein, machen eine kleine Pause, die Sie im Lauf der Übung verlängern dürfen. Aber es soll nie anstrengend werden. Dann atmen Sie ruhig wieder aus und legen eine kurze Pause ein… Das war's schon. Diese Übung ist gleichzeitig die Grundübung für viele Meditationsmethoden. Sie hilft Schmerzen zu lindern und ist immer sehr nützlich.

Die Freude wahrnehmen

- Einsteigerübung
- Macht Ihnen das Schöne im Leben bewusst
- Strukturiert als Ritual die Zeit

Schreiben Sie für einige Zeit, mindestens für einen Monat, jeden Tag auf, was Ihnen an diesem Tag an Schönem und Erfreulichem begegnet ist. Machen Sie sich tagsüber Notizen, wenn Sie zu viel Gutes erleben, um sich alles zu merken – was ich Ihnen sehr wünsche. Benutzen Sie dazu ein schönes Notizbuch. Diese Übung macht am meisten Freude, wenn Sie sie etwas zelebrieren, zum Beispiel so: Jeden Abend vor dem Zubettgehen bei Kerzenlicht und einem Becher Ihres Lieblingstees schreiben Sie zehn Minuten.

EINLEITUNG: VOM SEGEN DES UNGLÜCKS

> **TIPP** IN AKTION TRETEN
>
> Zu den konkreten Hilfsmitteln, mit denen Sie sich retten können, wenn Sie sich traurig, schlecht gelaunt, ängstlich oder vom allgemeinen Weltschmerz übermannt fühlen, gehört auch eine Liste handfester Dinge, die Sie gegebenenfalls unternehmen können. Denken Sie an ganz normale Aktivitäten wie
>
> - eine Freundin anrufen,
> - ein Bild malen,
> - ein luxuriöses Duftbad nehmen,
> - ins Kino gehen und beim Film eine Portion Popcorn essen,
> - spazierengehen,
> - joggen,
> - seilspringen,
> - tanzen,
> - Rasen mähen…
>
> Ob Sie solche Betätigungen stupide oder meditativ nennen beziehungsweise derartigen Zeitvertreib als seicht oder amüsant erleben – immerhin findet all das in der Gegenwart statt. Worum auch immer es bei Ihnen geht, reale Aktivitäten trennen Sie von der belastenden Vergangenheit und der bedrohlichen Zukunft. Es geht hier darum, Ihr Gehirn abzulenken, damit es die Produktion der Stresshormone Cortisol und Adrenalin herunterregeln kann. Wenn Sie ein bisschen geübt sind, lassen sich die Probleme, soweit sie nicht existenziell sind – und das sind sie selten –, tatsächlich für eine Weile vergessen.

Beruhigung

- Für Notfälle
- Lernübung, braucht etwas Routine
- Lenkt die Aufmerksamkeit auf den Körper

Wenn alles wieder einmal schrecklich und sinnlos ist, können wir unser Gehirn am besten in den Ruhemodus bringen, indem wir unseren Körper verstärkt wahrnehmen: Stellen Sie sich mit beiden Füßen fest auf den Boden, machen Sie die Augen auf und sehen Sie ein konkretes Objekt an. Atmen Sie dabei tief aus.

Krisenbewältigung: wichtige Übungen zur Selbsthilfe

Die Freude des Tages sammeln

- Einsteigerübung
- **Lenkt den Blick auf die kleinen Schönheiten**
- **Beschäftigt Sie spielerisch**

Sie haben eine Handvoll Trockenbohnen, kleine Kiesel, Murmeln oder Ähnliches in der rechten Hosentasche. Damit zählen Sie die schönen Momente des Tages ab. Jedes Mal wenn Sie sich über irgendetwas freuen, lassen Sie eine Bohne von der rechten in die linke Tasche wandern. Nicht vergessen! Das fordert Sie laufend dazu auf, »trotz allem« das Schöne zur Kenntnis zu nehmen und sogar danach zu suchen, statt es achtlos zu übergehen.

Freuen können Sie sich über vieles, wenn Sie die Welt nur mit offenen Sinnen an sich herankommen lassen: Blumen, Kinderlachen, Vogelgesang, freundliche Blicke, Sonnenschein, malerische Wolken, einen warmen Schal, eine gefundene Münze … So werden Sie mitunter gleich mehrere Bohnen in die linke Tasche verlagern. Abends zählen Sie dann die Bohnen und erinnern sich an alle schönen Einzelheiten. Sie können auch im Wettbewerb mit Freundin, Partner oder Kindern sammeln und einander die schönsten Ereignisse erzählen.

Diese Übung zählt zu meinen Favoriten. Eine Freundin hat mir dafür sogar ein Stoffsäckchen genäht und mit schwarzen Bohnen gefüllt. Aber am meisten hat mich dies gefreut: Ich erklärte meinem Sohn die Regeln. Da fragte er: »Reichen die Bohnen denn für dich?«

> **Das Schicksal hat nichts so schlimm gemacht, dass nicht irgendwo auch Freuden das Leid milderten.** Ovid (* 43 v. Chr., † um 17 n. Chr.)

33

EINLEITUNG: VOM SEGEN DES UNGLÜCKS

Exkurs: Mut zur Selbstwirksamkeit

»Jeder ist seines Glückes Schmied.« Das alte Sprichwort kennen
Sie bestimmt. Legt man diese Weisheit streng aus, ist die Aussage
ziemlich unbequem, weil sie impliziert, dass wir die Verantwortung
für alles und jedes, was uns geschieht, selbst übernehmen müssen.
Gleichzeitig besagt der Sinnspruch aber etwas sehr Positives:
Wir sind dem Schicksal nicht ausgeliefert, sondern wir sind aufge-
rufen, in unser Leben gestaltend einzugreifen. Wir können handeln
und etwas bewirken. Und je stärker wir selbst daran glauben, dass
wir etwas bewirken können, umso leichter gelingt es uns. Dieses
»Vermögen« besitzen wir alle. Die Menschen haben allerdings
einen unterschiedlich guten Zugriff darauf, denn es steht uns sozusagen nicht zur Verfügung wie Tagesgeld. Dieses Buch soll Sie
darin unterstützen, Ihr Kapital flüssig zu machen. »Selbstwirksamkeitserwartung« (englisch *perceived self-efficacy*) nennt der kana-
dische Psychologe Albert Bandura (* 1925) das hier beschriebene
Konzept, das er in den 1970er-Jahren entwickelt hat. Ein sperriger
Begriff für eine ganz einfache Sache!

Selbstwirksamkeitserwartung in der Tierfabel

Ein Frosch und eine Maus fielen in eine Milchkanne. Schnell stellte
die kluge Maus fest, dass sie an den glatten Wänden nicht hoch-
klettern konnte. Sie gab auf und ertrank. Der eher einfältige Frosch
aber sagte sich: Ich brauche jetzt hauptsächlich Zeit zum Nachdenken, also werde ich erst einmal schwimmen, damit ich nicht
untergehe. Und so paddelte und strampelte er in der Milch. Und
während er nachdachte und sich bewegte, entstand in der Sahne
auf der Milch allmählich eine kleine Insel aus Butter – fest genug
für den Frosch, um sich davon abzustoßen und aus der Kanne zu
hüpfen. Dieser Frosch war voller Selbstwirksamkeitserwartung,
wahrscheinlich ohne Bandura gelesen zu haben.

ALLES EINE FRAGE DER **FANTASIE**

Wir sind auch der Schmied unseres Unglücks! Natürlich gibt es im menschlichen Leben echtes Unglück, Krankheit, Trennung und anderes Leid. Aber manche Tragödie denkt sich unser Gehirn einfach nur aus – blitzschnell, in leuchtenden Farben, in perfektem 3D. Und völlig daneben.

DAVID UND DAS GEHEIMNIS DER BUNTEN PUNKTE

*Wo wir nichts sehen, da
ist manchmal wirklich nichts*

David will seinen Sportbootführerschein machen. Er verbindet große Pläne damit: Er möchte ein Schiff kaufen, genauer gesagt eine Dschunke. Dieser chinesische Schiffstyp wird in Asien oft als Hausboot verwendet. Dschunken sind sowohl küstentauglich als auch hochseetüchtig. In ein solches Schiff will er zwei bis drei Kabinen einbauen und dann mit zahlenden Gästen durch den Indischen und Pazifischen Ozean segeln. Er hat schon Kontakte nach Neuseeland geknüpft, um dort Erfahrungen sowohl im Segeln als auch im Schiffbau zu erwerben. Ein toller Plan!

Zuerst braucht er also diesen Führerschein. Die Ausbildung in Theorie und Praxis war kein Problem für ihn. Jetzt fehlt nur noch der Gesundheits-Check; dann sind alle Voraussetzungen erfüllt, um zur Prüfung zugelassen zu werden.

David ging zu einer Ärztin, die er aus dem Segelverein kannte. Er war sich ganz sicher, dass alles schon »in trockenen Tüchern« war – reine Routine. Die körperliche Untersuchung ergab keine

Beanstandung. Nun fehlte nur noch der Sehtest mit der Prüfung auf eine mögliche Farbsehschwäche.

David dachte an seinen Vater, denn der war rot-grün-blind gewesen und hatte sich bei Verkehrsampeln mit dem Wissen behelfen müssen: »Das obere Licht ist das rote, das unterste das grüne.« Gar kein Problem, sich daran zu orientieren.

Aber mit diesem Handicap könnte sich kein Seemann auf die Weltmeere wagen – wegen der äußerst wichtigen »Kollisionsverhütungsregeln«, die neben vielem anderen eine bestimmte Lichterführung vorschreibt: Bei einem Schiff im Dunkeln brennt ein grünes Licht an Steuerbord und ein rotes an Backbord. Am Positionslicht erkennt man also, welche Seite eines Schiffs man sieht und in welche Richtung es demnach fährt. Auch Baken, Tonnen und Leuchtfeuer, mit denen Untiefen, Fahrwasser und Hafeneinfahrten markiert sind, haben grüne oder rote Farbe. Ohne das gibt es keine klare Orientierung. Und weit und breit keine Eselsbrücke.

David selbst hatte gute Augen – auch im Hinblick auf das Farbsehen. Das wusste er schon von seiner Führerscheinprüfung fürs Auto. Nun legte ihm die Arzthelferin eine Karte nach der anderen vor. Jede zeigte ein Gewirr von bunten Punkten, von denen sich einige zu Zahlen gruppierten. Es war kinderleicht: siebenundvierzig, siebzehn, achtundachtzig, drei. Dann noch eine Karte. David sah nur bunte Punkte, rote, grüne und blaue. Keine Zahl. Panik. Alles vorbei, kein Schiff, keine bunte Zukunft. Vielleicht müsste er sogar seinen Führerschein abgeben.

Was war geschehen?

Die einfache Wahrheit ist: David hat nichts gesehen, nur Punkte. Er war aber gerade auf die Aufgabe eingestellt, innerhalb dieses Durcheinanders von Punkten unbedingt Zahlen zu erkennen. Also mussten da doch Zahlen sein!

ALLES EINE FRAGE DER FANTASIE

> In meinem Leben gab es viele schreckliche Dinge – und
> manche sind tatsächlich passiert. Mark Twain (1835–1910)

Dieses Mal schien es tatsächlich und plötzlich einen Säbelzahntiger zu geben! Unvoreingenommen hatte sich David dem Busch
genähert, voller Überzeugung, die leckeren roten Beeren genießen
zu können – und nun das!

Die Amygdala signalisiert uns in solchen Fällen – und Fallen –
sofort: Es gibt hier keinen Fluchtweg, die eigene Position ist zu
schwach für einen Angriff. So bleibt nur die letzte Möglichkeit:
Totstellen. Das sind die Situationen, von denen wir später ganz
treffend sagen: »Da war ich wie gelähmt.«

Exkurs: das Gehirn und der Wunderblock

Unsere Fantasie ist nahezu unendlich. Das Gehirn speichert alles,
was wir irgendwo und irgendwie mit den Sinnen aufgenommen
haben. Natürlich können wir uns nicht an alles erinnern. Hätten
wir alle Informationen zugleich präsent, würde das die Verarbei-
tung neuer Daten so stark bremsen, dass die Amygdala uns nicht
mehr schnell genug vor dem Säbelzahntiger warnen und zum
Weglaufen bewegen könnte. Daher stehen der Großhirnrinde im
akuten Fall nur wenige der Informationen aus unserem Gedächtnis zur Verfügung. Schlagartig haben wir anscheinend viele Dinge
vergessen. Unser Gehirn hat sie – eigenmächtig, aber im guten
Willen, uns zu beschützen – irgendwie versteckt, verdrängt oder
sonstwie eingekastelt und ausgeklammert.

Sigmund Freud hat dafür das Bild von der Zaubertafel benutzt,
und zwar in seinem Aufsatz *Notiz über den* »*Wunderblock*« von
1924. Er hat übrigens häufiger mit seinen Metaphern Ergebnisse

der Hirnforschung vorweggenommen. Sie erinnern sich vielleicht an diese Notiztäfelchen, bei denen eine dünne Klarsichtfolie über eine leicht haftende graue Platte gespannt ist. Man schreibt mit einem dünnen minenlosen Stift auf die Folie und die Zeichen erscheinen dunkelgrau, wo sie am Hintergrund haftet. Mit einem eingebauten Schieber kann man die Folie wieder vom Hintergrund trennen und die Zeichen scheinen zu verschwinden. Aber es bleiben lesbare Abdrücke auf dem Hintergrund. Wenn man viele Male schreibt und löscht, ist dort nichts mehr zu entziffern. Dieses Zeichengewirr mit seinen vielschichtigen Informationen benutzt Freud als Sinnbild für das Unbewusste – wir können auch sagen, für das nicht mehr Gewusste, nicht mehr Lesbare.

Alle Zeichen auf der Zaubertafel können sich natürlich miteinander vermischen. Durch zufällige Verbindungen zum Beispiel der dritten mit der fünften Schicht entstehen neue Zeichen, egal wie alt und welcher Natur deren Bestandteile sind. Diese Zeichen erleben wir als Erinnerungen und Fantasien, als Angstbilder und Träume, als Déjà-vu-Erlebnisse und sogar als Vorahnungen.

Die Fantasie nutzbar machen

Wir können uns die Fähigkeiten der Fantasie bewusst machen und sie zu unserem Vorteil kultivieren: Wenn wir im entspannten Zustand bewusst an positive Dinge denken, stärkt uns das.

Die unwillkürlichen Neukombinationen, die sich anscheinend von selbst ergeben, sind hingegen in der Regel nicht gerade positiv. Das ist nicht nur David beim Sehtest so ergangen, sondern auch Marlies mit ihrem Sohn (siehe ab Seite 67) oder mir selbst in der Geschichte mit dem Rauchmelder (siehe ab Seite 50).

Hier ist sie wieder, die sozusagen fremdenfeindliche »Säbelzahntiger-Automatik«: Wenn wir etwas nicht verstehen, es nicht genau oder überhaupt nicht kennen, wird es wohl etwas Unangenehmes sein. Die Gefahr ist einfach zu groß, um sie zu ignorieren, meint die Amygdala. Also ersetzen wir fehlende Details und Informationen im Nu unwillkürlich durch Fantasien, damit das Bild vollständig wird, denn das Gehirn liebt anschauliche Bilder. Unsere Fantasie neigt – aus Ihnen inzwischen bekannten Gründen – dazu, sich Worst-Case-Szenarien regelrecht auszumalen, also den GAU.

Davids Geschichte ist ein treffendes Beispiel dafür, wie sehr wir uns über etwas beunruhigen können, das wir nicht kennen oder erkennen. Das tun wir auch, wenn es nicht den geringsten Grund zur Beunruhigung gibt.

Wir bringen nicht viel zuwege, wenn wir in jenem Zustand sind, in dem unser Großhirn quasi lahmgelegt ist. Wir müssen erst wieder »zu uns kommen«. Dann kann das Großhirn arbeiten, damit wir eine Lösung suchen können. Dafür kommt hier eine Übung – ein Notfallprogramm, das Sie oft üben sollten!

In die Offensive gehen

○ **Schnelle Notfallübung**
○ **Lernübung, braucht etwas Routine**
○ **Verschafft Ihnen Abstand von der Bedrohung**

Reißen Sie Ihre Augen weit auf und sehen Sie Ihren imaginären Widerpart fest an. Wenn es irgendwie praktikabel ist, dürfen Sie gleichzeitig einen Schrei ausstoßen; selbst das Sch…-Wort ist hier gestattet. Gleichzeitig machen Sie einen Schritt rückwärts oder stampfen wie ein trotziges Kind mit dem Fuß auf. So entscheiden Sie sich deutlich gegen das Totstellen. Damit haben Sie Ihren »Gegner« erst einmal abgelenkt, vielleicht sogar erschreckt und sich aus der Gefahrenzone gebracht.

Im Anschluss an die vorige Übung, die Ihnen im Handumdrehen erste Erleichterung verschaffen kann, ist die folgende sinnvoll, mit der Sie ein wenig Abstand gewinnen können.

Beobachten von außen

- Notfallübung für Einsteiger
- Öffnet die Sinne für die Realität
- Stärkt Ihre Position

Sehen Sie sich die Situation, in der Sie sich gerade befinden, genau an; das kostet in den meisten Fällen nur Sekunden. Seien Sie für einen kurzen Moment nur Beobachter. Natürlich sind Sie Bestandteil dieser Szene, aber Sie sehen sich jetzt von außen und aus einer gewissen Distanz. Stellen Sie sich nun vor, Sie müssten kurz beschreiben, was gerade stattfindet. Nehmen Sie dazu einfach (!), also ohne zu interpretieren, alle sichtbaren Details wahr. Und schon werden Sie feststellen: Lebensgefahr besteht hier gar nicht! Nun können Sie in Ruhe darüber nachdenken, worin das Problem besteht, das eine der beteiligten Personen hat, nämlich Sie selbst, und wie es gelöst werden kann.

> **Es gibt auf alle Fragen drei Antworten und für alle Probleme mindestens drei Lösungen.** Russisches Sprichwort

Fragen ist die halbe Antwort

Es geht darum, ein wenig Zeit und Abstand zu gewinnen, damit sich das Großhirn einschalten kann. Deshalb sollten Sie sich zum Thema Problemlösen dies bewusst machen: Dass Sie überhaupt

ALLES EINE FRAGE DER FANTASIE

so weit kommen, sich eine Frage zu stellen, zeigt schon, dass Sie die vermeintliche Lebensgefahr überstanden haben und agieren. Dieser absolvierte erste Schritt ist schon ein Erfolg, die Frage nach der Problemlösung ist bereits deren halbes Ergebnis! Es geht erfahrungsgemäß in jedem Fall irgendwie weiter. Überspringen Sie also immer die Frage: »Geht's oder geht's nicht?« Fragen Sie immer gleich: »*Wie* kann es gehen?«

Drei Lösungen finden

- Einsteigerübung
- Erweitert kreativ den Horizont
- Schafft Zuversicht

Nehmen Sie sich einen Augenblick Zeit für ein Gedankenspiel: Welche – mindestens drei – Lösungen finden Sie für den Fall, dass David tatsächlich rot-grün-blind wäre? Wie könnte es weitergehen mit seinem Plan und seinem Leben? Was raten Sie ihm? Spielen Sie dieses Spiel auch mit anderen echten oder ausgedachten Problemen, die Sie haben oder die möglicherweise auf Sie zukommen.

Wie die Geschichte ausging

David blickt hilflos zur Arzthelferin, die ihn gespannt beobachtet. »Da sehe ich jetzt keine Zahl«, sagt er. Sie lächelt, zögert noch einen Augenblick, dann kommt die Erlösung: »Haargenau. Da ist keine Zahl.« Der Test umfasst diese Kontrollkarte, damit man mit auswendig gelernten Lösungen keine Chance hat.

Inzwischen ist David längst in Neuseeland und kommt dem Ziel seiner Träume Schritt für Schritt näher – oder er denkt sich seinen nächsten Plan aus. Denn, wie gesagt, unsere Fantasie ist nahezu unerschöpflich, im Negativen wie im Positiven.

DIE BRILLE:
AUGENGLAS IN AFFENHAND

*Im Nu machen wir aus einem
Missgeschick eine Katastrophe*

Ich sitze auf dem Balkon vor meinem Zimmer in einem Hotel in Jaipur in Indien. Zwischen zwei Ausflügen in die bunte, verrückte, laute Welt dieses Landes ruhe ich mich während der Mittagshitze aus und lese das Buch »Rupien! Rupien!« von Vikas Swarup. Es war die Vorlage zu dem Film »Slumdog Millionär«. Ich lese es nun bereits zum dritten Mal, weil es das Leben in Indien so wunderbar humorvoll und zugleich traurig beschreibt. Wieder ärgere ich mich darüber, wie sehr der hochgelobte Film vom Buch abweicht, obwohl ich weiß, dass keine Verfilmung ein Buch jemals »richtig« wiedergeben kann, zumal die Fantasie des Lesers immer die besten Bilder produziert.

Da nehme ich undeutlich eine Bewegung neben mir wahr – beim Lesen trage ich meine Brille nicht. Und genau diese Brille hat nun ein Affe in der Hand! »Sagt man denn bei Affen *Hand*?«, geht es mir tatsächlich durch den Kopf, während ich aufspringe und einen lauten Schrei ausstoße, woraufhin der Affe vor Schreck

ALLES EINE FRAGE DER FANTASIE

erstarrt. Eine Sekunde lang stehen wir beide reglos da. Ich bin erschrocken und wütend zugleich. Nach seiner Schrecksekunde lässt der Affe die Brille fallen und zieht sich auf den Ast zurück, der über die Brüstung des Balkons ragt.

Ich bücke mich nach der Brille und stelle fest, dass sie heil geblieben ist. Aber mein Herz schlägt heftig und meine Gedanken rasen: Was wäre gewesen, wenn sie zerbrochen wäre oder der Affe sie mitgenommen hätte? Ich habe keine Ersatzbrille mit. Gibt es in Jaipur einen Optiker? Sicher, aber wird er mir schnell genug eine neue Brille machen können, womöglich eine bifokale? Wie erkläre ich ihm, was ich für eine Brille brauche? Erstattet die Versicherung überhaupt eine Rechnung aus Jaipur ... Das Drama – das nicht geschehen war – füllte meine Gedanken und Emotionen.

Was war geschehen?

Ich fühlte mich wie aus einem tiefen und wunderbaren Traum abrupt geweckt. Ich war in einer anderen Welt gewesen, versunken und zufrieden. Ich hatte alle prähistorische Wachsamkeit fahren gelassen. Dann ist etwas eingebrochen, das nicht erwartet und unkontrollierbar war. Bei einer abrupten Unterbrechung des Gewohnten oder Bestehenden wittern wir Gefahr, das heißt, wir befürchten, dass ein schwerer Schaden eintritt, und der gesamte Organismus bereitet sich mit einem Adrenalinschub darauf vor.

Manchmal sind die Anlässe klein: Während wir gemütlich im Sessel sitzen, klingelt es an der Tür; nachts läutet das Telefon; neben uns hupt ein Auto. Wir bekommen Herzklopfen, wenn der Chef uns in sein Büro bittet, wenn die Mutter anruft oder eine Freundin ein Gespräch mit dem Satz beginnt: »Du, ich muss dir mal etwas sagen ...« Im Nu setzen unsere Fantasien vom größtmöglichen Unglück ein: Ich werde entlassen, jemand sagt mir, dass er mich nicht mehr liebt, ich bin todkrank ...

Ach du Schreck: Etwas Unbekanntes!

Schreckreaktionen haben zweierlei Gründe, einen persönlichen und den allgemein menschlichen. Der angeborene ist biologisch oder stammesgeschichtlich bedingt. Das bedeutet, dass wir kaum eine Chance haben, spontane Reaktionen komplett unter Kontrolle zu bekommen. Aber wir können sie wenigstens verstehen. Und das ist wichtig, denn wir müssen uns nicht noch selbst beschimpfen, wenn wir etwa auf eine Unterbrechung unwillkürlich erschrocken oder ärgerlich reagieren oder – so der Normalfall – auf beide Arten und in dieser Reihenfolge.

Der Mensch hat in der Evolution gelernt, dass Überraschungen gefährlich sein können und dass wir besser weglaufen, bevor uns der Säbelzahntiger beißt. Ihn wähle ich, um deutlich zu machen, wie irrational die meisten Ängste und Befürchtungen sind.

Als Kinder haben wir alle oft erlebt, dass wir bei etwas unterbrochen werden, und zwar selten zu etwas Gutem. Mitten im schönsten Spiel hieß es: »Hast du deine Schularbeiten schon gemacht?« Oder schlimmer: »Was hast du denn da wieder angestellt!« Jedenfalls »wissen« wir genau: Wenn uns etwas plötzlich unterbricht, ist es nichts Gutes. So erschrecken wir erst einmal. Diese Erfahrung ist auch ein Grund für viele Menschen, sich fast nicht zu *trauen,* glücklich zu sein: Sie haben das Gefühl, dass immer, wenn es am schönsten ist, wie zur Strafe etwas Schlimmes passiert. Dabei hat das, was möglicherweise passiert, gar nichts mit dem Wohlgefühl vorher zu tun, außer dass es dieses besonders abrupt beendet.

Erste Hilfe: Immer mit der Ruhe!

Da gegen die echten und vermeintlichen Schrecknisse des Lebens nun einmal kein Kraut gewachsen ist, müssen wir notgedrungen die Fähigkeit entwickeln, uns auf Kommando selbst zu beruhigen, und zwar in möglichst kurzer Zeit. Dafür schlage ich Ihnen eine

Übung vor, mit der Sie lernen können, mit besonders heftigen negativen Gefühlen umzugehen.

Die nächste Übung funktioniert deshalb so gut, weil sie sich einer eigentlichen Schwäche unseres Gehirns bedient. Es kann nämlich nicht zwischen wirklicher und bloß vorgestellter Realität unterscheiden, mit anderen Worten zwischen äußerer und innerer Realität. Wenn wir an etwas Trauriges denken, fühlen wir uns deshalb etwa so traurig, als geschähe das Traurige gerade jetzt. Und so kommen uns die Tränen bei einem rührseligen Film, egal wie oft uns der Cortex-Verstand sagt, es sei nur ein Film.

Aus diesem Grund ist es manchmal sehr sinnvoll und hilfreich, an böse Erfahrungen möglichst nicht mehr zu denken. Wenn wir intensiv daran denken, was uns einst zugestoßen ist, wirken diese Gedanken so belastend, als wiederholten sich die Ereignisse in der Gegenwart. Der Begriff des Verdrängens hat einen negativen Klang, bezeichnet aber etwas Gesundes.

Autosuggestion, und um die geht es hier, funktioniert glücklicherweise auch umgekehrt: Wenn wir uns intensiv etwas Schönes vorstellen, entwickeln wir gute, positive Gefühle. Das sollten wir uns zunutze machen. Darum geht es bei der folgenden Übung.

Innere Sicherheit

- **Übung für Könner**
- **Bewährt in der Traumatherapie**
- **Immer und überall anwendbar**

Stellen Sie sich eine Situation in Ihrem Leben vor, in der Sie vollkommen glücklich waren und in der Sie mit anderen Menschen etwas besonders Schönes geteilt haben. Sie waren dabei innerlich tief berührt. Ich habe so eine Situation vor einem Jahr zusammen mit einer Freundin erlebt: Wir schwammen im Arabischen Meer vor Kerala. Vom Wasser aus konnten wir die Berge des Hinterlandes sehen. Und plötzlich veränderte sich das Licht und die Sonne zeigte sich so weich und sanft, wie es typisch ist für Südindien am frühen Morgen. In mir breitete sich ein intensives Gefühl von Ruhe und Einssein mit der Welt aus. Ich war darin eingebettet, umgeben von absoluter Geborgenheit.

Haben Sie bei sich eine solche Erinnerung gefunden? Dann rufen Sie das Gefühl von damals möglichst plastisch wieder herauf. Versuchen Sie es zu verstärken, indem Sie sich alle wunderbaren Details ins Gedächtnis rufen: die Wohlgerüche, der sanfte Wind auf Ihrer Haut, möglichst alle Sinneseindrücke. Sie dürfen dabei beliebig übertreiben. Dann lassen Sie dieses Gefühl durch Ihren ganzen Körper wandern und stellen sich vor, es zirkulierte in Ihren Adern. Ihre Atmung und der Puls bringen es an jede Stelle Ihres Körpers – Sie *sind* dieses Gefühl.

Wählen Sie nun eine Stelle an Ihrem Körper, an der das gute Gefühl besonders deutlich zu spüren ist. Berühren Sie diese Stelle mit den Fingerspitzen und üben Sie dabei einen leichten Druck aus, als wollten Sie das Gefühl mit Ihren Fingerkuppen aufnehmen. So verankern Sie das Gefühl von Ruhe und Sicherheit oder Stärke, Freude und Lebendigkeit genau an dieser Stelle. Es sollte ein Punkt am Körper sein, den Sie jederzeit auch in der Öffentlichkeit berühren können. Es kann ja sein, dass Sie einmal vor Publikum in Aufregung geraten. Nach einigem Üben – durch wiederholtes Heraufholen der Erinnerung an die positive Ausgangssituation – wird sich das gewünschte Gefühl in Ihnen ausbreiten, sobald Sie diese Stelle nur berühren.

Ich empfehle Ihnen, diese Übung erst dann draußen in der »Gefahrenzone« anzuwenden, wenn Sie sie viele Male geübt haben. Aber Sie können Ihre neue Fähigkeit jederzeit auch in harmlosen

ALLES EINE FRAGE DER FANTASIE

Situationen ausprobieren. Sie werden feststellen, dass sie in der Tat fantastisch wirkt. Da die Übung immer wieder zur Selbstberuhigung eingesetzt werden kann, zum Beispiel auch bei Schlafstörungen, ist es sinnvoll, sie perfekt zu beherrschen.

> **TIPP** ATEM SCHÖPFEN UND LÄCHELN
>
> Oft hilft in einer vermeintlich gefährlichen Situation ein verblüffend einfacher Trick, zu dem mich ein lapidarer Spruch auf einer Postkarte inspiriert hat: »Einatmen, ausatmen, lächeln.« Atmen Sie also ruhig und tief ein und wieder aus. Und dann lächeln Sie – auch wenn es Ihnen ganz künstlich vorkommt. Die Reihenfolge ausatmen, einatmen und lächeln funktioniert auch.

Genug gelächelt? Nein, bitte lächeln Sie erst einmal weiter, denn das ist gleich der Einstieg in die nächste Übung.

Realitätsprüfung

○ Einsteigerübung für Notfälle
○ Stärkt Ihre Souveränität
○ Klärt die Situation rational

Lächeln Sie, was das Zeug hält, egal was los ist, und gerade wenn es Ihnen völlig absurd vorkommt. Ihr eigenes Gehirn hält nämlich das gekünstelte Lächeln schon nach kurzer Zeit für echt und sendet Glückshormone aus. Noch intensiver wirkt es, laut zu lachen. Das ist nicht jedermanns Sache und passt nicht immer, aber es ist ein spannendes Experiment.

Und nun prüfen Sie in Ruhe die Realität: Wo sind Sie gerade? Was ist wirklich passiert? Bedroht Sie etwas Gefährliches? Das ist gewiss nicht der Fall, denn sonst wären Sie ja gar nicht zu Ihren

Überlegungen imstande. Machen Sie sich das eindringlich klar, indem Sie sich notfalls laut vorsagen, dass wirklich alles in bester Ordnung ist. Hier und jetzt gibt es kein Problem, das Sie nicht bewältigen könnten!

TIPP KURZE REALITÄTSPRÜFUNG

Eine handliche Kurzform der Realitätsprüfung für Notfälle ist es, sich zwei Fragen zu stellen: Welches Datum ist heute? Wie alt bin ich? Sie werden feststellen, dass das Problem Sie nicht mehr überfordert oder bedroht, weil Sie sich daran erinnern, dass Sie erwachsen und handlungsfähig sind.

Wie die Geschichte ausging

Endlich gelingt es mir, meine Fantasie zu zügeln und wieder die Realität zu sehen: Die Brille ist heil, der Affe hat sie mir gelassen. Da fällt mir ein, dass das Erlebnis eine gute Story für mein Buch ist. Und während ich schreibe »Der Affe hat die Brille nicht genommen!«, verändert sich mein Gefühl. Ich lache über mich und bin dem Affen fast schon dankbar für die Anregung. Es war übrigens ein Rhesusaffe. Die sind in Indien weit verbreitet und sehr schlau. Die im Affentempel von Shimla haben gelernt, den Touristen die Brillen zu stehlen und sie gegen etwas Essbares zurückzugeben. Die Menschen sind auch schlau: Sie vermieten Stöcke, mit denen man sich die Affen vom Leibe halten kann.

TIPP GUTE ERINNERUNG

War früher alles besser? Profitieren Sie in der Gegenwart von »besseren Zeiten«. Schon die Erinnerung an Glück macht glücklich: Denken Sie eine Minute lang intensiv an ein besonders schönes Ereignis in Ihrem Leben.

HELLE BLITZE, SCHWARZE GEDANKEN: DAS KLOSTERGESPENST

*Wie wir uns Dinge erklären,
die wir nicht verstehen*

Auch Therapeutinnen müssen psychisch auftanken. Manchmal gehe ich dazu in ein Kloster – zum Schweigen, zum Meditieren, um einfach einmal still zu werden. Ich genieße die klösterliche Atmosphäre und die beruhigenden, einfachen Räume.

So war ich gemeinsam mit meinem Mann zu einem Seminar im Kloster San Marco in Monteortone. Nachts im Bett wachte ich auf und sah etwas über mir blitzen. Die Blitze hielt ich zuerst für eine Täuschung. Aber es blitzte wieder. Das Fenster geht zum Innenhof; also keine Leuchtreklame. Draußen war alles dunkel, aber es blitzte wieder. Ich zählte die Sekunden: Es blitzte unregelmäßig. War das etwa der Klostergeist? Es soll in San Marco ein Gespenst geben … Irgendwann schlief ich ein; aber bald wurde ich wieder wach. Und es blitzte immer noch. Ich wurde unruhig. Was kann das nur sein? Ich machte Spielchen: Blitzt es auch, wenn ich zur Seite gucke? Es blitzte. Nur wenn ich die Augen fest zukniff, blitzte es nicht; sobald ich sie wieder öffnete, war das Licht wieder da.

Nach einer Weile schwante mir dann, was das bedeuten musste: »Ich werde blind! Jetzt ist es so weit!« Schließlich bin ich sehr kurzsichtig. Aus diesem Grund ist die Netzhaut stark gespannt und kann sich unter Umständen an den Rändern ablösen. Diese Stelle kann man dann mit Laserstrahlen wieder verkleben; das hatte ich schon einmal erlebt. Mein Augenarzt hatte gesagt, wenn sich die Netzhaut ablöse, würde ich das als Blitz wahrnehmen. Und nun: ein Blitz nach dem anderen – also werde ich blind in dieser Nacht in Monteortone. Ich bekam wirklich große Angst. Als ich mich etwas beruhigt hatte, überließ ich mich meinen Gedanken. Es gibt schließlich für alles eine Lösung: Ich würde einen Blindenhund brauchen und eine persönliche Assistenz. Ob die Krankenkasse sich an allen Kosten beteiligen wird?

Was war geschehen?

Ich sah etwas, das wirklich da war, etwas ganz Deutliches: Kleine, unregelmäßige Lichtblitze, die ich, da es sonst stockdunkel war, nicht räumlich einordnen konnte. Ich sah wirklich etwas, gar keine Frage. Und mit meiner bisherigen bewussten Erfahrung konnte ich keine Erklärung finden – jedenfalls keine andere als die, die ich dann fand: Ich werde blind. Meine Schlussfolgerung war somit streng logisch. Alles Unlogische und Irrationale wie zum Beispiel das Gespenst hatte ich ausgeschlossen.

Deutungshoheit im Arbeitshirn

Was macht mein Gehirn? Wie eine fürsorgliche Glucke will es mir die Welt erklären. Dazu haben wir es ja schließlich. Allem fügt es eine Bedeutung hinzu und hängt eine Interpretation dran – nach dem Muster: Kleines, schweres Ding = Stein. Also: Waffe! Nichts wie weg hier! Wir erleben etwas Ungewohntes – und das Gehirn

kann unbekannte Dinge nicht einfach wie ein Fragezeichen stehen-
lassen. Es erfindet notfalls eine Bedeutung; darin ist es Meister.
Und es ist ein Meister des Problemlösens und folgt darin immer
einem seiner simpel gestrickten Patentrezepte: Bei Gefahr müssen
wir flüchten, angreifen oder in Deckung gehen.

In diesem Fall hatte ich es noch mit einem anderen »Gegner«
als der Amygdala zu tun: Sinneseindrücke deutet das Groß- oder
Arbeitshirn, und zwar eine Region auf der rechten Seite des Stirn-
hirns. Und diese Seite neigt nicht zu freundlichen Interpretatio-
nen. Bei allem fantasierten Unglück hatte ich nicht nur ein Gefühl
größtmöglichen Unheils, sondern auch Ideen für Lösungen. Ein
Weiterleben war also möglich. Das heißt, die Stresshormone Cortisol und/oder Adrenalin, die bei einem solchen Erlebnis ausgeschüttet werden, überschwemmten nicht mein ganzes Gehirn. Das
Arbeitshirn konnte tatsächlich noch arbeiten.

Der Mann ohne Hammer

Wir kennen diesen Mechanismus aus vielen Zusammenhängen.
Das klassische Beispiel dafür ist der »Mann ohne Hammer« in
Paul Watzlawicks Buch »Anleitung zum Unglücklichsein« von
1983, das immer noch lesenswert ist. Kurz nacherzählt geht die
Geschichte so: Ein Mann hat ein gerahmtes Bild und einen Nagel,
aber der Hammer fehlt ihm. Er beschließt, einen Hammer bei
seinem Nachbarn auszuleihen. Da beginnt in ihm folgender
Monolog: »Ob mir dieser Nachbar wirklich einen Hammer leiht?
Der guckt immer so mürrisch. Letzte Woche hat er mich nicht
gegrüßt. Bestimmt mag er mich nicht. Der leiht mir bestimmt
keinen Hammer.« Während dieses Selbstgesprächs steigert er sich
in seine Wut hinein, wie Sie sich vorstellen können. Am Ende klingelt der Mann wirklich beim Nachbarn. Als dieser öffnet, schreit er
ihn an: »Behalten Sie doch Ihren Hammer, Sie Blödmann!«

Deutungshoheit im Arbeitshirn

So entstehen viele Konflikte: Wir halten etwas für wahr und dann agieren wir so, als wäre es die objektive äußere Realität, was wir uns da zurechtgelegt haben. Denken Sie mal an Ihre Nachbarin. Grüßt sie nicht immer sehr knapp und unfreundlich? Bestimmt mag sie Sie nicht leiden und redet schlecht über Sie … Oder hat die Nachbarin ein Magenleiden und guckt deshalb so grimmig?! Genau hier setzt eine einfache Methode an: Nachfragen! Einfach heißt nicht, dass es immer leicht ist, sie anzuwenden, dafür wirkt sie aber sofort. Und weil sie uns augenblicklich entlastet, bevor die unangenehmen Gefühle sich zu einer Katastrophenfantasie ausgewachsen haben, sollten wir uns immer wieder an sie halten.

TIPP NACHFRAGEN

Diese Methode würde auch in andere Kapitel des Buchs passen. Sie ist eine Variante der Übung zur Realitätsprüfung (siehe ab Seite 48). Fragen Sie einfach nach! Möglichst schnell, freundlich und undramatisch! Also nicht: »Sie sehen mich immer so unfreundlich an. Habe ich Ihnen etwas getan?« Das wäre dramatisch. Unfreundlich wäre: »Warum haben Sie eigentlich immer schlechte Laune?« Freundlich und undramatisch: »Alles in Ordnung?« Oder: »Wie geht es Ihnen?« Nun hat die Nachbarin Gelegenheit, ihren eventuellen Ärger zu äußern. Dazu gehört, dass Sie stehen bleiben und sie aufmerksam ansehen. Je nach Situation verändert sich Ihre Frage. Sie kann lauten: »Habe ich etwas falsch gemacht?« Oder: »Wie meinen Sie das?« Aber auch: »Kann ich etwas für Sie tun?« Wenn Sie sich missverstanden oder verletzt fühlen, ist die Variante »Wie meinen Sie das?« sehr hilfreich. Sie fassen das, was Ihr Gesprächspartner gesagt hat, so kurz und freundlich wie möglich mit Ihren Worten zusammen: »Habe ich Sie richtig verstanden, dass …?« So beugen Sie Missverständnissen vor oder lösen sie sofort auf. Die meisten Menschen werden Ihnen dankbar dafür sein. Und Sie selbst sind erleichtert – und mit Recht stolz auf sich.

ALLES EINE FRAGE DER FANTASIE

Beruhigung und Trost von innen heraus

Im echten ebenso wie im eingebildeten Ernstfall geht es immer wieder darum, Beruhigung in sich selbst zu finden, wenn von der bedrohlichen Außenwelt im Augenblick keine zu erwarten ist. Dafür können wir die enormen Kräfte unserer Fantasie von ihren geliebten Horrorvisionen weg in die Gegenrichtung lenken und sie sozusagen mit ihren eigenen Mitteln schlagen.

Lassen Sie also in Ihrer Fantasie ein Wunder geschehen, das Ihnen in der Bedrängnis zu Hilfe kommt! Vielleicht spüren Sie jetzt einen rationalen Widerstand: »Das ist mir jetzt aber zu abgehoben, irgendwie realistisch muss das Ganze doch bleiben. Wunder gibt es nicht!« Ich sage: Na und? In Ihrer Fantasie kommen derart viele Dinge vor, die es im realen Leben nicht gibt (nehmen wir nur mal den Säbelzahntiger), warum sollte ein Teil von Ihnen also nicht an Wunder glauben können?

Ich bin überzeugt davon, dass es Wunder gibt, das heißt, wundersame und unerwartete Dinge, die wir uns nicht erklären können und mit denen man nie rechnen würde. Sie dürfen so etwas gern Zufall nennen, aber Wunder ist spannender. Hier kommt also eine wunderbare Übung, die daran anknüpft.

Die wundersame Rettung

- Bewährte Übung aus der Traumatherapie
- Spricht das »innere Kind« an
- Immer und überall anwendbar

Diese leicht erlernbare Technik knüpft an die Übung »Innere Sicherheit« an (siehe Seite 46). Gehen Sie ins Wunderland, versetzen Sie sich in eine märchenhafte Situation. Agieren Sie dort wie ein Kind: Sprechen Sie einfach mit Ihrem Schutzengel. Rufen Sie eine gute

Fee oder weiße Hexe, die Ihnen drei Wünsche erfüllt. Bitten Sie einen mächtigen Zauberer um eine Lösung des Problems. Fragen Sie eine weise Frau um Rat, die für alles eine Lösung weiß …

Probieren Sie verschiedene Szenarien aus und dann entscheiden Sie sich für eines. Dieses malen Sie sich in allen Details aus: Wo sind Sie? Was sehen, hören, spüren, riechen Sie? Erfinden und verwerfen Sie (zauberhafte) Lösungen für Ihr Problem, finden Sie immer wieder neue Möglichkeiten, aber mindestens drei!

Im Lauf der Übung werden Sie spüren, dass Sie sich damit beruhigen können. Und irgendwann ist auch die schwärzeste Nacht zu Ende und Sie können als Erwachsener mit der Realitätsprüfung beginnen: Der Morgen ist klüger als die Nacht! Recherchieren Sie einmal im Internet zum Thema Wunder, einfach als Futter fürs Großhirn, besonders das linke Stirnhirn.

In einer Situation der akuten Beunruhigung ist Körperkontakt eine bewährte Hilfe. Sanftes, rhythmisches Streicheln und Wiegen löst die Produktion von Opioiden aus, die die Angst dämpfen und Geborgenheit vermitteln.

Heilsame Umarmung

○ Notfallübung für Einsteiger
○ Vermittelt Geborgenheit
○ Wirkt auf körperlicher Ebene

Als soziale Wesen sind wir angewiesen auf unsere Mitmenschen. Sie können uns Gesellschaft leisten, uns trösten und Sicherheit geben. Wer sind Ihre Nächsten? Wer ist gerade anwesend oder erreichbar? Suchen Sie Zuflucht bei Ihren Liebsten und lassen Sie sich ausgiebig umarmen und streicheln. Wenn Sie gerade allein sind, bitten Sie eine Freundin zu sich. Manchen Menschen hilft ihr Haustier, kleinen Kindern ihr Teddy.

Auch Selbstberührung kann Entspannung bringen; sogar wenn sie nur in der Fantasie stattfindet. Wenn Ihnen das seltsam vorkommt, probieren Sie es mit der nächsten Übung.

Selbstumarmung

- **Notfallübung für Einsteiger**
- **Gelingt ohne andere Personen**
- **Spendet Trost und Beruhigung**

Sehen Sie sich als unglückliches Kind. Sicher erinnern Sie sich an entsprechende Situationen. Sehen Sie ein möglichst detailliertes Bild von dem Kind, das Sie waren: Kleidung, Haltung, Mimik… Dann treten Sie als erwachsene, starke Person auf und nehmen das Kind in die Arme. Bleiben Sie eine Weile bei diesem Bild, atmen Sie tief ein und aus, bis Sie die Beruhigung spüren.

Wie die Geschichte ausging

Endlich regte sich etwas im Nachbarbett. Ich flüstere: »Jens? Bist du wach? Siehst du es auch an der Decke blitzen?« Antwort: »Ja.« Erste Erleichterung bei mir: Ich bin mit meinem Unglück nicht allein. Jens knipst seine Taschenlampe an und richtet sie auf die Decke: »Das ist der Rauchmelder.«

Ich bin natürlich froh, aber zugleich beschämt. Warum habe ich nicht selbst nachgesehen? Um Jens nicht zu wecken? Vielleicht. Wahrscheinlich aber deshalb, weil ich so sehr in meiner Fantasie gefangen war – auf den Spuk des Säbelzahntigers fixiert, der sich im Dunkel der Nacht in der Klosterzelle verbarg…

NICHT IM HIER UND JETZT – SO LADEN WIR DAS UNGLÜCK EIN

*Wie wir uns unbemerkt
aus der Gegenwart entfernen*

Susanne freute sich, weil ihre Eltern sie endlich einmal besuchen wollten. Seit vielen Jahren hatten sie sich immer nur in ihrem Heimatort getroffen. Aber nun gab es jede Menge Gründe für einen Gegenbesuch bei ihr: Susanne hatte in Bremen eine neue Stelle angetreten und war endlich mit Christian zusammengezogen, mit dem sie schon seit Jahren eine innige Liebe verband.

Mit Hingabe bereitete sie den Besuch der Eltern vor. Gemeinsam mit Christian hatte sie sich ein Programm ausgedacht, das beiden Elternteilen gefallen könnte. Diese hatten nämlich einen sehr speziellen, vor allem aber ziemlich verschiedenen Geschmack. Das kleine Gästezimmer war sauber geputzt und aufgeräumt und mit einem kleinen, nicht duftenden Blumenstrauß geschmückt. Ein passendes Essen zu kochen schien Susanne einfach, denn die Eltern waren beide, wie sie selbst auch, Vegetarier. »Aber nichts Scharfes!«, hatte die Mutter gesagt, die um Susannes Vorliebe für die indische Küche wusste. So würde es Pellkartoffeln geben und

einen Kräuterquark, frischen Salat und eine Pfanne mit gemisch-
tem Gemüse. Susanne bereitete den Quark vor und wollte gerade
das Gemüse klein schneiden. Da hatte sie eine Idee: Sie würde
noch einen Käsekuchen backen, den ihre Mutter doch so gern
aß. Dann würde die kritische Frau Mama ihrer Tochter Susanne
endlich glauben, dass sie gut in ihrem Beruf und zugleich eine gute
Hausfrau war. Für den Käsekuchen musste sie allerdings noch ein
paar Zutaten besorgen …

Als der Kuchen endlich aus dem Backofen genommen werden
konnte, stellte Susanne fest, dass ihre Eltern schon in einer halben
Stunde eintreffen würden. Wollten sie eigentlich mit dem Auto
kommen oder hatte Susanne ihnen versprochen, sie vom Bahnhof
abzuholen? Sie musste ja auch noch das Gemüse klein schneiden …
Da klingelte der Küchenwecker. Hastig zog Susanne die Ofentür
auf und griff nach der heißen Backform, den Küchenhandschuh
nur lose in der rechten Hand. Der Kuchen war schwerer, als sie
gedacht hatte. Da sie mit der bloßen linken Hand nicht zugreifen
konnte, fiel die Form scheppernd auf die Küchenfliesen. »Mist!«,
rief Susanne laut und wollte gerade in Tränen ausbrechen – da
klingelte es an der Wohnungstür.

Was war geschehen?

Dieses Kapitel beschreibt die wohl häufigste Form von Alltagsunglück. Die Heldin solcher Geschichten bin oft ich selbst. Sie
könnten es sicher auch sein, denn es geht so einfach, sich unglücklich zu machen oder sich zumindest die Laune zu verderben.

Sehen wir Kathrin zu: Sie sitzt mit einem Glas Tee in der Hand
auf ihrem Balkon. Sommersonntag, Mann und Kind sind zum
Schwimmen an den See gegangen, damit sie ein wenig ungestörte
Zeit für sich hat. Sie atmet tief durch und versucht, die Ruhe zu
genießen. Oder ob sie die Zeit vielleicht doch nutzen sollte? Es gibt

so viel Wäsche zu bügeln, sie könnte für heute Abend etwas Feines kochen – Mann und Tochter schätzen ihre Kochkünste sehr. Ach, es gibt immer so viel zu tun, nie ist wirklich Zeit übrig. Außerdem: Warum ist sie nicht mitgegangen zum See? Dann hätte sie immerhin etwas für ihre Gesundheit getan … Kaum war Kathrin eine halbe Stunde allein, fühlte sie sich kreuzunglücklich. Dabei hatte sie sich nicht einmal von ihrem Liegestuhl wegbewegt. Alles hatte in ihrem Kopf stattgefunden.

Im Kopf: die wilde Affenhorde

Es gibt umfangreiche Untersuchungen darüber, welche Auswirkungen positive und negative Gedanken auf unser Gefühl und unser Leben haben. Der Mensch kann einfach nicht *nicht* denken, denn so funktioniert unser Gehirn nun mal, in diesem Fall das Großhirn: Es will immer etwas tun.

INFO ES DENKT UND DENKT UND DENKT …

Die psychologische Forschung hat gezählt und hochgerechnet, wie viele Gedanken uns pro Tag durch den Kopf gehen. Herausgekommen sind Zahlen zwischen 30 000 und 70 000! Im Rahmen der gleichen Untersuchung ergaben Schätzungen, dass nur 3 Prozent davon konstruktiv sind.

Kathrin hatte zum Beispiel einfach vergessen zu denken, wie gut ihr die neue Teemischung schmeckte, wie schön das Wetter war, wie wenige echte Sorgen sie hatte … Die Menge der neutralen oder sogar negativen Gedanken ist viele Male größer. Und da wir mit unseren Gedanken unsere Gefühle beeinflussen, können wir auf diese Weise nur unglücklich sein. Der Mensch ist nicht nur, was er isst, in viel größerem Maße ist er, was er denkt. Kathrin in unserem

ALLES EINE FRAGE DER FANTASIE

Beispiel ist nach einer halben Stunde, in der sie ruhig, entspannt und zufrieden hätte sein können, stattdessen aufgeregt, unzufrieden und gestresst und fühlt sich einsam.

So ist das also. Was können wir schon tun, wenn unser Gehirn doch einfach immer vor sich hindenkt, ohne dass wir Einfluss darauf hätten? Halt! Da liegt der Irrtum: Wahr ist nur, dass wir immer irgendetwas denken. Von einem mangelnden Einfluss war keine Rede. Die Buddhisten vergleichen unsere Gedanken mit einem Haufen wilder Affen. Das Gute daran ist: Der Mensch kann Affen bekanntlich zähmen und dressieren. Das Bild ist äußerst stimmig. Dazu ist an dieser Stelle ein Einschub sinnvoll.

Exkurs: über die Achtsamkeit

Diese Geschichte werden Sie vielleicht kennen: Ein Zen-Schüler fragt seinen Meister nach dem direktesten Weg zur Erleuchtung. Der Meister antwortet: »Das ist ganz einfach: Wenn ich lese, dann lese ich; wenn ich Kartoffeln schäle, schäle ich Kartoffeln; wenn ich bete, bete ich; wenn ich spazieren gehe ...« Der Schüler unterbricht ihn ungeduldig: »Ja, so mache ich es auch, aber ich bin doch nicht erleuchtet!« Der Meister sieht ihn ernst an: »Du debattierst mit mir, wenn du spazieren gehst; wenn du betest, zählst du die Minuten; wenn du Kartoffeln schälst, kochst du bereits den Nachtisch.« Beschämt geht der Schüler davon. Fortsetzung folgt ...

Das Geheimnis, wie wir mit einem Leben reich an Bewusstheit und Sensibilität beginnen können, liegt in unserer Bereitschaft, anwesend zu sein. Jack Kornfield (*1945)

Der Rat, achtsam zu sein, gilt immer und für alle Menschen. Achtsamkeit ist ein vernünftiges Konzept und hat erst einmal gar nichts mit Philosophie, Religion oder Weltanschauung zu tun.

Wenn wir mit unserer Aufmerksamkeit ganz bei der Tätigkeit sind, die wir gerade verrichten, oder bei dem Menschen, mit dem wir gerade in Kontakt stehen, wenn wir uns also innerlich in der Gegenwart befinden, dann sind wir »achtsam« im spirituellen Sinn. Und wenn wir achtsam sind, haben wir wenig Gelegenheit, uns Sorgen zu machen. So wird der Umgang mit uns nicht nur für die Mitmenschen angenehm und beruhigend (sie fühlen sich »gesehen«), sondern auch wir selbst kommen auf diesem Weg zur Ruhe. Achtsamkeit hilft uns, unsere gewohnten Stressmuster zu durchbrechen. Schon wenn sie nur ein wenig eingeübt ist, kann sie den Blutdruck senken und die Abwehr stärken. »Ganz entspannt im Hier und Jetzt«, so betitelte 1979 der *Stern*-Reporter Jörg Andrees Elten das Tagebuch über seine Zeit im berühmten Ashram im indischen Poona. Das ist ein guter Titel, denn genau darum geht es bei der Achtsamkeit.

Schritt für Schritt zur Achtsamkeit

Haben Sie etwas Geduld; es ist noch kein Meister vom Himmel gefallen. Es braucht viel Zeit, Achtsamkeit zu lernen, obwohl sie so etwas Schlichtes ist! Der oben zitierte Zen-Meister hat sicher mindestens zehn Jahre gebraucht, um das Ideal annähernd zu erfüllen. Seien Sie also nachsichtig mit sich und schimpfen Sie sich nicht, wenn Sie beim Kartoffelschälen an Tante Marias Geburtstagsgeschenk oder ans nächste Meeting denken.

Dem Ideal der Achtsamkeit ein kleines Stück näher zu kommen, dazu dienen die folgenden vier Übungen. Kleinste Schritte im Alltag sind immer möglich und hilfreich. Stellen Sie sich ab und zu die Frage: »Was mache ich gerade? Bin ich wirklich mit meinen

Gedanken und Gefühlen dabei?« Vielleicht gelingt es Ihnen so immer öfter, für Augenblicke wirklich anwesend zu sein. Sie könnten ihre Tätigkeit einen winzigen Augenblick unterbrechen, innerlich einen Schritt zurücktreten und zur Ruhe kommen.

Manchmal können wir etwas Geeignetes aus unserer äußeren Umgebung zum Anlass dafür nehmen, einen Moment »in Achtsamkeit zu verharren«. Ich habe zum Beispiel das Glück, dass in der Nähe meiner Wohnung eine Kirchturmuhr leise und melodisch die vollen Stunden schlägt. Wann immer ich die Glockenklänge vernehme, halte ich inne mit meiner Tätigkeit – und sei sie noch so wichtig und eilig – und zähle die Schläge mit. Danach arbeite ich innerlich gestärkt weiter.

Achtsamkeit des Meisters

Hier kommt der Schluss der kleinen Geschichte – für mich ihr schönster Teil: Der besagte Zen-Schüler hat gerade eben von seinem Meister die Lektion über die Achtsamkeit empfangen, da sieht er diesen beim Essen eine Zeitung lesen. Empört stellt der Schüler den Meister zur Rede: »Meister, du hast gesagt, wenn ich esse, dann esse ich, und wenn ich lese, dann lese ich. Und nun finde ich dich hier lesend und essend.« Der Meister lächelt den jungen Mann an und sagt: »Ja, mein Sohn, ich vergaß, dir zu sagen: Wenn ich lese und esse, dann lese und esse ich.«

Im Zen heißt es, dass durch die Fähigkeit, inmitten der Welt Achtsamkeit zu üben, weit mehr Kraft entsteht als durch das einsame Sitzen und Vermeiden von Aktivität. Die tägliche Arbeit also ist der Meditationsraum, die zu erledigende Arbeit die Übung. Philip Kapleau (1912–2004)

Exkurs: über die Achtsamkeit

Schwellen überschreiten

o Achtsamkeitsübung für Einsteiger
o Ohne Zeitaufwand nebenbei machbar
o Alltagstauglich

Diese Übung bildet im Alltag eine Kette winziger Momente der Achtsamkeit, die Sie trockenen Fußes über alle Wogen kommen lässt. Sie kostet überhaupt keine Zeit und bringt trotzdem viel Beruhigung in den hektischen Alltag. Sie tun nichts anderes als von einem Raum in einen anderen zu gehen, was Sie sowieso an den meisten Tagen viele Male tun. Der einzige Unterschied ist, dass Sie jetzt bewusst gehen. Wenn Sie über eine Schwelle treten, sagen Sie bei sich: »Ich betrete jetzt das Bad« oder einfach nur: »Badezimmer«. Denken Sie nicht daran, aus welchem Raum Sie kommen, da dieser ja schon in der Vergangenheit liegt.

Achtsamkeit für den Alltag

o Universalübung für Einsteiger
o Flexibel und individuell
o Für jegliche Routine geeignet

Sie können jede häufig wiederkehrende Alltagssituation wählen, um Achtsamkeit einzuüben. Zum Beispiel könnten Sie jedes Mal, wenn das Telefon klingelt, kurz durchatmen und bei sich sagen: »Das Telefon klingelt, ich melde mich nun freundlich mit ...« Das dauert nicht länger als die Zeit, in der das Telefon einmal klingelt, und jeder Anrufer wird dankbar sein für Ihre Freundlichkeit. Sicher fallen Ihnen noch viele andere Anlässe in Ihrem Leben ein, die sich für diese Übung eignen. Die einzige Schwierigkeit ist, dranzubleiben und den Vorsatz nicht zu vergessen.

ALLES EINE FRAGE DER FANTASIE

Stopp!
o Notfallübung für Einsteiger
o Diszipliniert pessimistische Gedanken
o Unterbricht quälende Eigendynamik

Dies ist eine der einfachsten Übungen im ganzen Buch. Und sie ist erstaunlich wirkungsvoll.

Immer wenn Sie spüren, dass Ihre Gedankenaffen wild toben, sagen Sie deutlich zu sich: »Stopp!« Sprechen Sie möglichst laut, wenn es in Ihrer jeweiligen Umgebung gerade machbar ist. Manche Verhaltenstherapeuten empfehlen, sich vorher ein Gummiband ums Handgelenk zu legen und synchron zum »Stopp!« damit zu schnipsen, was ein klein wenig wehtun darf. Ein körperlich spürbares Zeichen zu setzen, das Sie mit dem Kommando verbinden, ist sicher eine gute Idee.

Überlegen Sie: Wie kann man sonst eine tobende Affenherde zur Raison bringen? Vielleicht klatschen Sie einfach in die Hände. Aber bestimmt helfen Abwarten oder Rückzug am wenigsten weiter. Es hilft eher, wenn Sie in Ihr »Stopp!« etwas von Ihrer Wut und Aggression legen, statt beides gegen sich selbst zu lenken. Ich empfehle Ihnen, das Bild von den Affen beizubehalten, die in Ihrem Kopf randalieren. Es nimmt der Situation ein bisschen von der Tragik, in die Sie sich gerade hineingedacht haben.

Nach dem »Stopp!« bleiben Sie einfach ein paar Sekunden lang ruhig stehen. Atmen Sie tief durch. Und dann denken Sie *einen* Gedanken zu Ende.

> **Gott hat den Menschen erschaffen, weil er vom Affen enttäuscht war. Danach hat er auf weitere Experimente verzichtet.** Mark Twain (1835–1910)

Affirmation

- Übung für Könner
- Auf jede Problemlage anwendbar
- Am wirksamsten, wenn regelmäßig wiederholt

»Affirmation« ist ein lateinisches Fremdwort; es kommt nicht von »Affe«, sondern vom lateinischen *affirmatio*: Es bedeutet Bestärkung, Versicherung oder Beteuerung. Affirmationen sind nichts anderes als verbale Autosuggestionen oder – negativ ausgedrückt – Dinge, die wir uns einreden. Sie wirken auf unser Gehirn ähnlich wie Mantren und positive Imaginationen. Richtig angewendet haben sie auf Dauer eine positive und beruhigende Wirkung und steigern sogar die Selbstsicherheit. Daran ist nichts Geheimnisvolles, denn wir wissen ja, wie sehr sich unser Gehirn und unser Unterbewusstsein beeinflussen lassen. Das autogene Training macht sich genau das Wissen zunutze, das hier beschrieben ist.

Bei der Methode der Affirmation sind drei einfache Grundregeln zu beachten:

1. Der Satz muss positiv ausgedrückt sein, also: »Es geht mir gut!« statt »Es geht mir nicht schlecht.«
2. Der Satz soll im Indikativ Präsens stehen, also in der einfachen Gegenwartsform. Also: »Es geht mir gut!« statt »Bald wird es mir gutgehen.« Und wenn es Ihnen gerade nicht gutgeht? Dann hieße der Satz gemäß den Regeln: »Es geht mir von Minute zu Minute besser.«
3. Der Satz soll möglichst kurz sein.

Sie brauchen natürlich Ihre persönliche Affirmation, die auf Ihre augenblickliche Problemlage oder Konfliktsituation zugeschnitten ist. Deshalb kann ich hier nur Vorschläge machen:

ALLES EINE FRAGE DER FANTASIE

- »Ich kann ... (hier ihr Problem benennen) ... bewältigen.«
- »Ich bin stark genug, diese Krise durchzustehen.«
- »Ich bin erwachsen, stark und gesund.«
- »Ich spüre, wie meine Fähigkeiten wachsen.«

Wichtig ist, dass Sie Ihren Satz möglichst oft sagen, am besten
während Sie Ihre geschlossenen Augen abwechselnd von rechts
nach links und von oben nach unten rollen lassen.

Wie die Geschichte ausging

Als es klingelte, vergaß Susanne vor Schreck zu weinen – es ist ein
spannendes Phänomen, wie leicht wir uns von Emotionen ablenken lassen, die uns doch eigentlich so wichtig und tief vorkommen. Es standen aber nicht Susannes Eltern vor der Tür, sondern
»nur« Christian, der seinen Schlüssel vergessen hatte. Er half ihr
bei der Beseitigung der Kuchenruine. Dann erinnerte er Susanne
daran, wie gut sie den Besuch der Eltern vorbereitet hatten: Der
Kuchen war längst beim Bäcker bestellt gewesen. Er wollte ihn
auf dem Weg zum Bahnhof abholen, wo er die Schwiegereltern
empfangen wollte. Bis dahin war für Susanne noch Zeit genug,
um das Essen vorzubereiten. All diese Vereinbarungen und Vor-
kehrungen hatte Susanne vergessen, während sie sich immer
weiter in ihre Stressspirale hineingeschraubt hatte. Nun beschloss
sie, gemeinsam mit Christian zum Bahnhof zu fahren. Das Essen
würde sie zusammen mit ihrer Mutter fertig zubereiten. Ihre
Mutter hatte immer gern mit ihr zusammen gekocht und dabei
wertvolle Küchentipps verraten. So wäre man gleich im Gespräch
und würde leicht den Kontakt erneuern.

**Probleme kann man niemals mit derselben Denkweise lösen,
durch die sie entstanden sind.** Albert Einstein (1879–1955)

HORROR: IHR KIND HAT EINEN UNFALL

Wie unsere Fantasie alles viel schlimmer macht, als es ist

Diese Geschichte lasse ich meine Freundin Marlies selbst erzählen: »Klaas war in der dritten Klasse in der Grundschule, als mich die Schulsekretärin in der Arbeit anrief: ›Bitte kommen Sie in die Schule‹, sagte sie, ›Ihr Sohn Klaas ist beim Turnen von der Sprossenwand gefallen.‹

Ich japste nach Luft, Horrorbilder standen vor meinem inneren Auge. Ich würde in Zukunft mit einem behinderten Kind leben müssen. Ich sah mich zusammen mit Klaas auf der Kinderintensivstation. Er würde das Schuljahr wiederholen müssen und seinen netten Klassenlehrer verlieren.

Ich rannte in Panik zur Straßenbahnstation, aber die nächste Bahn fuhr erst in 10 Minuten. Ich konnte auf keinen Fall warten. Ich lief zurück zur Marcusallee und hielt ein Taxi an. Ich wusste nicht, ob ich genug Geld für die Fahrt quer durch die Stadt dabeihatte, aber das war mir egal. ›Warten Sie bitte‹, sagte ich an der Schule zum Taxifahrer, ›ich hole mein verletztes Kind.‹«

Was war geschehen?

Wir erinnern uns: Unser Gehirn ist auf nichts so versessen wie auf Bilder, aber es kann äußere und innere kaum unterscheiden. Da Marlies eine fantasievolle Frau mit einem bunten, prallen Leben ist, entstanden schnell Bilder in ihr – erfreuliche waren nicht dabei.

Hormone festigen Beziehungen

Diese Geschichte hat noch einen anderen Aspekt: den der Beziehung. Zärtliche Gefühle für jemanden entstehen durch die Wirkung des Hormons Oxytocin, das bei Mensch und Tier den »Brutpflegeinstinkt« auslöst. Es spielt auch bei der Verliebtheit eine große Rolle. Bei Tieren lässt die Wirkung des Oxytocins und damit die Nähe der Beziehung nach, sobald die Brut keiner Pflege mehr bedarf. Die meisten Tiere erkennen ihre erwachsenen Kinder gar nicht mehr. Vielleicht ist es einer der großen Unterschiede zwischen Mensch und Tier, dass wir uns noch für unsere Kinder verantwortlich fühlen, wenn sie längst erwachsen sind. Und dass wir unserem Partner jahrzehntelang treu sein können, auch wenn wir ihn nicht mehr zur Brutpflege brauchen und auch nicht mehr die berühmten »Schmetterlinge im Bauch« haben. Immerhin leben angeblich nur fünf Prozent aller Lebewesen monogam!

Aber zurück zur Geschichte von Marlies: Eine Mutter reagiert wie die Amygdala in Person, wenn sie ihr Kind in Gefahr sieht: Ihr Adrenalinspiegel steigt, sie ist bereit, sich jedem Feind entgegenzuwerfen – und sei es einem herannahenden Mähdrescher. Abgeschwächt erfasst diese Reaktion jeden, der beobachtet, dass ein anderer Mensch in Gefahr schwebt. Schließlich sind wir als Gruppenwesen darauf geeicht, Feinde gemeinsam zu bekämpfen. Ob uns wirkliche oder eingebildete Feinde bedroht haben, entscheidet das Großhirn später in einer ruhigen Minute…

> **TIPP** SICH BERUHIGEN, DIE LAGE KLÄREN
>
> In einer echten oder fantasierten Katastrophensituation hilft am besten: tief ausatmen, wieder einatmen und sich auf beide Füße stellen! Und dann die Frage beantworten: Was ist wirklich passiert und weiß ich das überhaupt? Marlies hätte sofort in der Schule zurückrufen können, um sich genauer zu erkundigen. Die Kernfrage heißt ja hier: Wie schlimm ist es wirklich? Und wenn diese Frage so gut wie möglich beantwortet ist, folgt die nächste: Was muss ich jetzt tun? Und dann können – mit nur noch der halben Aufregung – die angemessenen »Rettungsmaßnahmen« beginnen, wenn erforderlich.

Nach dem Schock gilt es zur Ruhe zu kommen und das glückliche Ende zu genießen, damit aus dem Schrecken kein Trauma wird. Dazu möchte ich eine wichtige Übung anbieten, die bösen (posttraumatischen) Erinnerungen vorbeugen kann. Die sind gefährlich, weil sie uns auf Jahre hinaus unglücklich machen können.

Scheinwerfer

- Notfallübung für Einsteiger
- Lenkt den Fokus auf das Positive
- Hilft Krisen zu bewältigen

Wir richten den »Scheinwerfer« unserer Aufmerksamkeit eher auf Negatives als auf Positives. Mitunter scheint er in dieser Position festgerostet zu sein. Machen Sie ihn wieder gängig!

Denken Sie an etwas Bedrohliches, das Sie erlebt haben, das aber gut ausgegangen ist. Nun bauen Sie auf einer imaginären Theaterbühne zwei Szenen auf – weit voneinander entfernt: Die eine stellt ihr Erlebnis an seinem unangenehmsten Punkt dar, mit allen negativen Gefühlen. Die andere Szene ist der glückliche Ausgang. Hier können Sie ruhig übertreiben. Nun stehen Sie als Beleuchter hinter den Scheinwerfern. Ein Schauspieler spielt auf der Bühne Ihre Rolle. Sie leuchten zuerst die üble Szenerie hell aus. Dann wechseln sie zum Happy End. Wechseln Sie ein paar Mal hin und her, wobei Sie das Tempo des Szenenwechsels etwas steigern. Wechseln Sie so lange, bis Ihnen der Wechsel mühelos gelingt. Beenden Sie die Übung mit strahlendem Licht auf die positive Szene.

Wie die Geschichte ausging

»Ich lief ins Sekretariat«, erzählte Marlies weiter. »Klaas lag auf dem Sofa der Direktorin. Diese wickelte ihm gerade ein nasses Handtuch um den Kopf, Janine hielt seine rechte Hand und Jana-Mareike las ihm eine Geschichte vor.

Klaas fand es toll, dass wir mit dem Taxi fuhren. Am liebsten hätte er auch seine Freundinnen einzeln nach Hause mitgebracht. Der Kinderarzt erklärte uns nachmittags, Klaas sei völlig unverletzt und könne anderntags wieder in die Schule gehen.«

In Marlies' Geschichte fehlt noch der wichtige Aspekt, welches Gefühl sie hatte, als sie Klaas fröhlich und unversehrt vorfand: Statt Erleichterung spürte sie zunächst Wut! Das ist eine häufige Reaktion, wenn sich nach großer Sorge am Ende alles als harmlos entpuppt. Schon manche Mutter, die sonst die Gelassenheit selbst ist, hat bei so etwas ihr Kind sogar angeschrien. Ihr Körper ist noch voller Adrenalin und in höchster Alarmbereitschaft. Bis der Energieüberschuss abgebaut ist, agiert sie noch, als wäre tatsächlich etwas passiert. Erst nach einer Weile tritt Beruhigung ein – hilfreich ist dabei ein sanfter Körperkontakt – und man ist wieder in der Lage zu entscheiden: Erleichterung? Dankbarkeit? Oder will ich fantasievoll in dem versinken, was alles hätte passieren können? Dann doch lieber immer wieder das Happy End erzählen: Das Kind liegt strahlend, gesund und bestens versorgt auf dem Sofa.

DAS ÜBERSEHENE GLÜCK

Sie werden mir sicher darin zustimmen,
dass wir Menschenkinder uns
jedes bisschen Glück hart erarbeiten müssen. Ja?
Halt, welch ein Unsinn! Nein! Wir vergessen oft nur,
dem Glück einen Stuhl hinzustellen.
Wir erkennen nicht die Geschenke des Lebens oder die
Gunst der Stunde. Also: Augen auf für all das Gute!
Es ist manchmal Gold, was glänzt.

TIGER, MACH DICH RAR, WENN ICH DICH SUCHE

*Fällt uns die Freude in
den Schoß, werten wir sie ab*

Auch die folgende Geschichte spielt in Indien. Es ist wirklich ein Land der Geschichten, besonders für Touristen, die versuchen, sich in dieser unbekannten Welt zurechtzufinden. Mit dem Thema »Was uns die Fremde über unser eigenes Leben lehrt« könnte man ein eigenes Buch füllen.

Hier also die Geschichte: Als ich das erste Mal allein in Indien war, genoss ich in vollen Zügen die Freiheit und das große Abenteuer. Ich hatte mir zwei Höhepunkte ausgesucht: Zuerst den alten Palast von Dungarpur, in dem es herrliche Wandgemälde geben sollte. Da war zum Beispiel von einem Schrank die Rede, der Miniaturen mit Darstellungen aus dem Kamasutra enthält. Gegen ein geringes Trinkgeld würde der Palastwächter ihn öffnen, hatte im Reiseführer gestanden. Und genauso war es dann auch.

Als zweiten Höhepunkt meiner Reise hatte ich den Ranthambore-Nationalpark auserkoren. Dort sollte es Tiger geben, viele Tiger. In einem anderen Nationalpark hatte ich vorher vergeblich nach diesen wunderbaren Tieren Ausschau gehalten. Als ich im Hotel Ankur ankam, hörte ich zuerst, dass ich gleich am Nachmittag an einer Jeep-Safari teilnehmen könne – und dass lange kein Tiger mehr gesehen worden war. Also machte ich mir keine großen Hoffnungen. Ich dachte mir: Warum sollte ausgerechnet ich auf Tiger treffen, wenn es Menschen gibt, die tagelang jeden Morgen und Abend eine Tour machen und nie einen sehen.

Das Auto, in dem außer mir noch eine kleine englische Familie saß, war ohne Verdeck. Das kam mir abenteuerlich vor, obwohl ich schon wusste, dass der Mensch nicht dem Beuteschema des Tigers entspricht. Ein bisschen ängstliche Spannung breitete sich aber in mir aus. Es brauchte eine Weile, bis alle Formalitäten erledigt waren, dann ging es in den Park. Die Jeeps mit den verschiedenen Gruppen schwärmten aus.

Am Ziel der Träume

Kaum war unser Geländewagen vom Hauptweg abgebogen, hielt er schon an. Ein riesiger männlicher Tiger schritt langsam und majestätisch quer über die Straße. Ich schoss einige Fotos, dann verschwand er im Wald. Meine Aufregung legte sich ein bisschen. Danach sahen wir noch eine Menge anderer Tiere im Park, aber dann: eine Tigerin mit zwei halbwüchsigen Jungen! Während die Alte halb verdeckt im Unterholz wachte, kamen die Jungen langsam auf uns zu. Eines umkreiste sogar in ganz geringem Abstand unseren Jeep; fast hätte ich es berühren können.

Zu meinem eigenen Erstaunen fühlte ich mich jetzt enttäuscht statt hocherfreut und reich beschenkt. Ja, ich fühlte mich eher getäuscht, ein bisschen um das Abenteuer betrogen. Das war ja hier wie im Tierpark: Es war gar nicht schwierig, Tiger zu Augen zu bekommen. Schön waren sie schon, die Tiere, sehr beeindruckend. Das ja, aber eben gar zu leicht anzutreffen. Keine Rarität.

DAS ÜBERSEHENE GLÜCK

Was war geschehen?

Immer wieder passiert es uns, dass wir gerade im Augenblick der
Erfüllung eines Wunsches enttäuscht sind. Kennen Sie das auch?
Sie haben sich lange auf den Urlaub gefreut, Ort und Hotel sorgfältig ausgesucht, sich für oder gegen *all inclusive* entschieden, alles
aus guten Gründen. Vielleicht haben Sie ein teureres Hotelzimmer
gewählt, weil es etwas größer ist, zusätzlich eine Sitzecke hat und
einen Balkon mit direktem Meerblick …

Endlich erreichen Sie Ihr Ferienhotel, die Rezeptionsdame ist
freundlich, jemand trägt Ihnen das Gepäck aufs Stockwerk. Dann
sehen Sie das Zimmer: Es sieht aus wie im Prospekt, aber doch
irgendwie anders … Sie spüren einen kurzen, aber heftigen Stich –
meist in der Magengegend: »Will ich wirklich hier sein? In diesem
Raum vierzehn Tage verbringen? Meerblick gibt es, das ja, aber das
Zimmer geht nach Süden. Kann man es bei dieser Hitze überhaupt
auf dem Balkon aushalten? Und diese Bilder an den Wänden: Gott,
wie kitschig …« Das und noch mehr geht Ihnen in wenigen Sekunden durch den Kopf und Sie spüren ein deutliches Unbehagen, das
Sie sich nicht erklären können.

Enttäuschung, Frust, Ernüchterung

Genau so ist es mir mit den Tigern ergangen: Statt in einen Freu-
denrausch zu verfallen, war ich enttäuscht. Für diese Reaktion gibt
es mehrere Gründe. Zum einen hat man den meisten von uns in
der Erziehung eingebläut, dass wir uns das Schöne im Leben erarbeiten müssen, dass es nur als Belohnung für große Anstrengungen
eintritt. Wie oft mussten wir uns anhören: »Ohne Fleiß kein Preis«
oder »Das Leben ist kein Ponyhof«.

Eine andere dieser Irrlehren besagt, dass etwas, das uns einfach
in den Schoß fällt, also leicht zu haben ist, nichts wert sein kann.

Solche Mythen sind häufig Mitverursacher von negativen Gefühlen und unerklärlichem Unbehagen (siehe ab Seite 160).

Manche Wünsche wollen wir eigentlich gar nicht erfüllt bekommen, sondern genießen nur die Vorfreude – so wie der Romantiker seine blaue Blume sucht – ein zentrales Sehnsuchtsmotiv der Romantik. So gehen wir gespannt durch ein Labyrinth, und wenn wir angekommen sind, fragen wir uns: »War's das schon?« Hier gilt der berühmte, wenn auch oft falsch verstandene Spruch vom Weg, der das Ziel sei. Gemeint ist: das Ziel des Glücksgefühls.

Ein Träumer ist jemand, der seinen Weg im Mondlicht findet und die Morgendämmerung vor dem Rest der Welt sieht. Oscar Wilde (1854–1900)

Vorfreude ist die schönste Freude

Andere Gründe für das Gefühl der Enttäuschung stammen nicht aus unserer individuellen Geschichte. Sie werden es schon ahnen: Diese haben etwas mit der Funktionsweise des Gehirns zu tun und mit den darin wirkenden Botenstoffen. Einer davon ist das Hormon Dopamin aus dem *Nucleus accumbens.* Ihn wie auch die Amygdala haben wir doppelt – in jeder Gehirnhälfte einmal. Der Einfachheit halber spreche ich im Singular von ihnen.

Dieser Nucleus accumbens also arbeitet als Belohnungs- oder Glückszentrum in unserem Gehirn und gehört erstaunlicherweise zum gleichen Gehirnteil wie das Angstzentrum Amygdala. Er sendet Glückshormone aus in *Erwartung* einer Belohnung oder eines besonderen Ereignisses, nicht aber aufgrund erreichter Ziele. Der Botenstoff Dopamin ist außer mit der Vorfreude auch mit der Lust auf Neues verknüpft, fördert also entscheidend das Lernen.

DAS ÜBERSEHENE GLÜCK

Es ist verantwortlich für die Lust, die wir spüren, wenn uns ein neuartiges Erlebnis bevorsteht, ein Abenteuer oder die Ankunft an einem ersehnten Ziel. Das kann ein Absprung mit dem Fallschirm sein oder ein Film, den wir unbedingt sehen wollten. Das Dopamin bringt uns in eine angenehm kribbelige, frohe Stimmung. Diese Neugier und spannende Vorfreude tun uns gut. Wir fühlen uns lebendig, die Durchblutung wird angeregt, die Abwehr gestärkt, wir werden belastbarer für Stress. Und wir können besser lernen.

Wehe, wenn das Dopamin verfliegt

Wenn nun das Ziel erreicht ist, baut sich das Dopamin ziemlich schnell ab; so schnell, dass wir das Gefühl haben, in ein Loch zu fallen. Das ist einer der Gründe, warum uns Besitz kein dauerhaftes Glück bringt. So enttäuscht Sie das neue Kleid kurz nach dem Kauf; das Auto, auf das Sie lange gespart haben; ja sogar das Haus, das einmal der Lebenstraum schlechthin war. Plötzlich ist das Haus zu kalt, zu teuer, zeigt einen Mangel nach dem anderen. Die Immobilienmakler kennen dieses Phänomen; sie haben sogar ein Wort dafür: »Nach-Kauf-Depression«.

Am Ziel brauchen wir Zeit, um uns das Erreichte anzusehen und die Realität zu genießen, statt die Fantasie der Vorfreude gegen sie auszuspielen. Kennen Sie den Satz »Das habe ich mir aber ganz anders vorgestellt!«? Natürlich haben Sie es sich anders ausgemalt! Denn bevor Sie die Realität sahen, gab es nur das Wunschbild in Ihrer Vorstellung. Aber wenn Sie der Realität eine Chance geben, wird sich langsam ein neues Gefühl einstellen: ein ruhiges, sanftes, manchmal auch heftiges Glücksgefühl. Das Gehirn produziert verstärkt Endorphine und signalisiert uns nach einiger Zeit, dass wir uns in einer wünschenswerten Situation befinden. So weicht die Enttäuschung bald der neuen Freude.

Bevor Sie sich über Ihr Hotelzimmer beschweren gehen, trinken Sie lieber erst einmal einen Cappuccino am Pool. Auf den zweiten Anblick wird Ihnen das Zimmer besser gefallen, solange es keine *wirklichen* Mängel hat.

Dass die Dinge, auf die wir uns gefreut haben, scheinbar an Wert verlieren, wenn wir sie besitzen, ist entwicklungsgeschichtlich verständlich: Der alte Jäger und Sammler der Vorzeit hat sich endlich gemerkt, wo die wirklich schmackhaften und ungiftigen Pflanzen wachsen. Er macht sich voller Hunger und Vorfreude auf den Weg, findet die Pflanzen, wirft sich darauf und verschlingt achtlos die Kostbarkeit. Der Genuss dabei entspricht keineswegs seiner hungrigen Vorfreude. Sehen Sie sich selbst oder Ihre Familie manchmal auf diese Weise essen? Kein Wunder, denn sobald wir das Objekt der Begierde erreicht haben, ist die Vorfreude vorbei, die unsere gesamte Aufmerksamkeit auf dieses Objekt gelenkt hat. Die kann und muss jetzt gleich wieder der Umgebung gelten, wo Gefahren auftauchen könnten, seien es nun hungrige Raubtiere oder der futterneidische Bruder.

TIPP FREUEN SIE SICH AUF ALLES! IMMER!

Gegen das Dilemma der enttäuschten Erwartung hören wir oft den wohlgemeinten, in Wirklichkeit aber schädlichen Rat: »Freu dich nicht zu früh!« Den Spruch hat man schon so oft gehört, dass er fast schon logisch klingt. Aber es ist absolut richtig, sich vorzufreuen, soviel es nur geht, weil es für Körper und Seele gesund ist! Und wenn ein Wunsch sich nicht erfüllt, bleibt uns immerhin die Vorfreude. Das ist wirklich logisch!

Im Folgenden finden Sie Übungen, mit denen Sie die Vorfreude stärken können. Möglicherweise folgende Enttäuschungen können Sie so leichter verkraften.

DAS ÜBERSEHENE GLÜCK

»Die Vorfreude stärken?«, werden Sie vielleicht fragen. »Führt das nicht zu einer umso größeren Enttäuschung?« Ehrlich gesagt, das weiß ich nicht. Aber ich habe nie einen Hinweis darauf gefunden, dass die Enttäuschung proportional zur Vorfreude zunimmt. Und wenn schon! Sie kann Wochen, ja Monate andauern und Sie durchs Leben tragen! Die Enttäuschung aber dauert meist nur ein paar Minuten. Richten Sie sich ruhig in Ihrer Vorfreude ein, wie Sie es wünschen. Lassen Sie sie ungetrübt von der Realität.

Die Vorfreude stärken

- Einsteigerübung
- Steigert den Genuss
- Lässt die Gegenwart vergessen

Nehmen Sie eine bequeme, entspannte Körperhaltung im Sitzen oder Liegen ein. Achten Sie eine Weile auf Ihre Atmung, ohne etwas daran zu ändern. Mit dieser Achtsamkeit versetzen Sie Ihr Gehirn in einen aufnahmebereiten Ruhezustand.

Nun malen Sie sich das aus, worauf Sie freudig warten, etwa ein Essen mit der Freundin, den nächsten Urlaub, die Hochzeit von Sven und Anna auf Gran Canaria. Hoppla, ist die Vorfreude hier eingeschränkt, weil auf der Hochzeit auch Lisa sein wird, die Ehemalige Ihres Liebsten? Dann lassen Sie die Hochzeit weg. Zur eingeschränkten Vorfreude (Ambivalenz) kommen wir in der übernächsten Übung.

Sie stellen sich also eine Situation vor, auf die Sie sich uneingeschränkt freuen, in allen Details: Was für Kleidung tragen Sie, wie sind Wetter, Farben, Geräusche, Gerüche …? Fügen Sie in der Fantasie alles hinzu, was es noch an positiven Zutaten geben könnte, als wären Sie eine Zauberin. Übertreiben Sie, soviel Sie wollen, alles darf ganz wunderbar sein, einfach perfekt. Sehen Sie sich um und genießen Sie die Situation. Stellen Sie sich auch so konkret wie möglich vor, was Sie tun: Wenn ich erst einmal in … bin, werde ich als Erstes an der Promenade einen Espresso trinken, dann an den Strand gehen …

Dann: Recken und gähnen, die Augen langsam öffnen, in die Gegenwart zurückfinden – und das Gefühl mitnehmen.

Umgang mit Enttäuschungen

○ Notfallübung
○ Am wirksamsten, wenn oft wiederholt
○ Bringt die Realität zurück

Nun sind Sie also, um bei dem harmlosen Beispiel zu bleiben, im Urlaub angekommen und spüren Ihre Enttäuschung, noch bevor Sie reale Mängel feststellen. Sie fühlt sich an wie ein Schlag in die Magengrube. Was tun? Denken Sie jetzt so schnell wie möglich daran, was Sie als erstes Schönes tun können oder sehen wollten. Erinnern Sie sich einfach an die realisierbaren unter den Dingen, die schon in Ihrem Vorfreudebild eine Rolle gespielt haben. Sagen Sie sich zum Beispiel: »Zuerst trinke ich den köstlichen Hauscocktail am Pool, dann kann ich auspacken.« Tun Sie also etwas, das Ihrem Gehirn Zeit lässt, die Erfüllungsenttäuschung zu verarbeiten. Dann werden Sie spüren können, dass Sie genau dort angekommen sind, wo Sie sein wollten.

Nun noch eine Vorfreude-Übung für Situationen, in denen das Vorgefühl nicht ganz unbeschwert ist. In Abwandlungen können Sie diese Übung nutzen, um sich mental auf etwas vorzubereiten, vor dem Sie sich ein wenig fürchten.

DAS ÜBERSEHENE GLÜCK

Vorfreude – leicht getrübt

o Übung für Fortgeschrittene
o Beugt Enttäuschungen vor
o Stärkt das Selbstwertgefühl

Sie freuen sich auf etwas, rechnen aber mit Schwierigkeiten, also einem »Haar in der Suppe«. Bei einer Party zum Beispiel wird Ihnen die Exfreundin Ihres Liebsten begegnen – oder wahlweise Ihre Schwiegermutter, der Chef, Ihr Erzfeind …

Stellen Sie sich zuerst das Fest mit all seinen Genüssen möglichst detailliert vor – wie in der Übung »Die Vorfreude stärken« (siehe ab Seite 78). Dann lassen Sie das befürchtete Unangenehme eintreten und stellen sich Ihre Reaktion vor. Sie werden souverän wie eine Königin sein – schon allein weil Sie so elegant und würdevoll aussehen. Sie begrüßen das ungeliebte Gegenüber mit einem (wirklich!) freundlichen Lächeln, sagen »Schön, dich zu sehen!« und blicken ihm oder ihr fest in die Augen. Und dann genießen Sie das Fest. Jetzt kann Ihnen nichts mehr passieren.

Wie die Geschichte ausging

Als ich abends den Speisesaal des Resorts betrat, bemerkte ich mit Erstaunen, dass viele mich ansahen; einige zeigten mit dem Finger auf mich. Mein indischer Tischnachbar erklärte mir das Raunen der Gäste: »Sie sagen: ›Das ist die glückliche Dame, die vier Tiger gesehen hat.‹« Ich und die englische Familie, die mit mir im Jeep gesessen hatte, aber in einem anderen Hotel wohnte, waren die einzigen, die an diesem Tag Tiger gesehen hatten. Und auf der Morgensafari anderntags zeigte sich gar keiner. So war ich also im Glück, ohne es zu wissen, und hatte ihm keinen Stuhl hingestellt. Aber nächstes Jahr, wenn ich in Gujarat Löwen sehen möchte, werde ich ihm einen großen Ohrensessel aufstellen!

SCHULFREUNDE IM CLINCH:
WER SPIELT MIT LUKAS?

*Warum wir uns im Unglück
am sichersten fühlen*

Der kleine Lukas kommt von der Schule nach Hause. Die Mutter sieht schon im Fenster, dass er langsam geht und die Schultern hängen lässt. Sie öffnet ihm, nimmt ihm den Ranzen ab und fragt: »Wie war's in der Schule?« Lukas darauf traurig: »Nicht so schön, ich hab' mit Finn gestritten.« Finn ist nicht nur sein bester Freund, sondern sein einziger. Die Mutter fragt nach: »Was war los? Erzähl doch mal …« Lukas erzählt und beide suchen nach einer Lösung. Sie beschließen, nach dem Essen Finn anzurufen.

Auch am nächsten Tag sieht die Mutter Lukas nach Hause kommen. Er hüpft lustig dahin. Er ist etwas früher zurück als erwartet, sie wollte aber noch kurz mit ihrer Freundin telefonieren. So ist sie etwas ungeduldig mit Lukas, statt sich über seine Laune zu freuen. Es klingelt, sie öffnet die Tür und wendet sich wieder dem Kochen zu. Lukas kommt in die Küche. »Na, wie war's in der Schule?«, fragt sie ihn. Lukas strahlt: »Gut! Ich habe mit Finn gespielt.« »Schön«, antwortet sie, »dann können wir ja essen.«

DAS ÜBERSEHENE GLÜCK

Was läuft hier falsch?

Diese alltägliche Geschichte zeigt vor allem eines: Wir schenken dem Unglück mehr Aufmerksamkeit als dem Glück, der Klärung der Probleme mehr Zeit und Energie als dem frohen Zustand, der eintritt, wenn die Konflikte geklärt sind.

Die Mutter von Lukas kümmert sich liebevoll um ihren niedergeschlagenen Sohn, als er Streit mit seinem Freund gehabt hat. Aber als er freudestrahlend nach Hause kommt, geht die Mutter weiter dem normalen Tagesablauf nach.

Stellen Sie sich einfach vor, wie es Lukas ergangen wäre, wenn sich die Mutter auch an dem erfreulichen Schultag mit ihrem Sohn hingesetzt hätte und ihn eingehend gefragt hätte: »Erzähl mal, wie war das denn heute genau? Ist alles wieder okay zwischen euch?« Sie hätte Lukas zeigen können, wie man »dem Glück einen Stuhl hinstellen« kann. So lautet der Titel eines wunderbaren Kinderbuchs von Mirjam Pressler. Es erzählt die zauberhafte Geschichte eines kleinen Mädchens, das sich mit Leichtigkeit und kindlichem Mut sein Leben erobert.

Wenn ein Stuhl dasteht, kann das Glück eine Weile bleiben und muss nicht gleich verschwinden, zum Beispiel wegen eines kleinen Streits beim Mittagessen, eines Flecks auf der Tischdecke oder der Nörgelei von Lukas, der die Suppe nicht mag.

Das Schlechte wiegt schwerer

In aller Regel scheint das Unglück viel gewichtiger zu sein als das Glück. Es nimmt in Gesprächen entschieden mehr Raum ein, auch wenn wir alle das Glück herbeisehnen. Verhaltensforscher erklären das stammesgeschichtlich: Für unsere jagenden und sammelnden Vorfahren war am allerwichtigsten zu wissen, welche Tiere und Pflanzen gefährlich sein könnten. Natürlich hatten sie

Hunger und mussten wissen, wo es etwas zu essen gibt. Doch die schönste Herde von Wildziegen bringt wohl nicht das erwünschte feine Abendessen, wenn sie zugleich von einem übermächtigen Raubtier beäugt wird, das keine Konkurrenz duldet. Also ist es wichtig, nie zu vergessen, wo die Bärin mit ihrem Jungen umherstreift. Ähnliches gilt für den Sammler: Es gibt so viele Kräuter und Beeren, die man sich nicht alle merken muss, solange sie schmecken und guttun. Aber diejenigen, die bitter sind oder gar tödlich, musste er sich gut einprägen.

Das Negative, was wir erleben oder uns vorstellen, erregt automatisch im Gehirn mehr Aufmerksamkeit und nimmt schätzungsweise sieben Mal soviel Speicherkapazität ein wie ein positives oder neutrales Erlebnis von vergleichbarer Dimension.

Negatives bringt Aufmerksamkeit ein

So arbeitet bis heute der Teil unseres Gehirns, der für die Speicherung schlechter Nachrichten und drohender Gefahren zuständig ist, schneller als jener Teil, der uns leckeres Essen und ein warmes Plätzchen an der Sonne meldet. Zwar sind Gefahrenquellen wie drohende Bärenmütter, Giftkräuter und feindliche Kannibalen in unserem Alltag selten geworden, aber wir haben immer noch einen Gewinn davon, wenn wir uns auf das Unglück fokussieren: Wir bekommen damit einfach mehr Aufmerksamkeit. Wir führen damit einen prähistorischen Zustand fort, auch und besonders in unseren Beziehungen zu Mitmenschen.

Der Preis dieser Aufmerksamkeit ist allerdings ziemlich hoch: Wir fühlen das Unglück ja wirklich und unsere Zuhörer am Ende auch. Ich glaube, dass der Spruch »Geteiltes Leid ist halbes Leid« nur selten stimmt. Er stimmt dann, wenn das Leid ganz akut ist, wenn wir es etwa in der Therapie zum ersten Mal aussprechen,

DAS ÜBERSEHENE GLÜCK

wenn anerkannt wird, dass wir tatsächlich Böses erlebt haben.
Im Regelfall gilt: Auch Zuhörer fühlen sich unglücklich, wenn sie
Schreckliches erzählt bekommen. Wir wissen das spätestens seit
der Entdeckung der »Spiegelneuronen«.

Was aus meiner Sicht aber unbedingt stimmt, ist die zweite Hälfte
des Sprichworts, nämlich: »Geteilte Freude ist doppelte Freude.«
Typisch, dass dieser positive Teil weniger geläufig ist. Wir können
auch für positives Erleben Aufmerksamkeit bekommen oder geben.
Und die Freude der anderen verstärkt unser eigenes Wohlgefühl.
So gab es in meiner Kindheit einen Spruch für das Poesiealbum,
der so endete: »Denn die Freude, die wir geben, kehrt ins eigne
Herz zurück.« Das wussten die Menschen schon lange, bevor es
das Wort Spiegelneuronen gab.

Um mehr Glück zu fühlen und mehr gute Gefühle speichern
zu können, müssen wir unser Gehirn, genauer gesagt den rechten
Stirnlappen, wie einen Muskel trainieren. Die Gehirnforscher sprechen von der Plastizität des Gehirns. Das heißt, es ist formbar und
wir können seine Funktionsweisen verändern. Eigentlich zielen
alle Übungen dieses Buchs genau darauf ab. Der folgende Tipp soll
Ihnen helfen, die positiven Gefühle zu verstärken.

TIPP DER GLÜCKSVERSTÄRKER

Wenn Sie das nächste Mal gefragt werden, wie es Ihnen geht, antworten
Sie: »Es geht mir gut, weil …«, statt nur »gut« zu sagen. Erzählen Sie – nicht
ausschweifend, aber durchaus in einem lebendigen, detaillierten Bild, wie
Ihr positives Gefühl zustande gekommen ist. Ziehen Sie dabei auch kleine
Details heran: weil heute die Sonne scheint, weil ich gerade gut gegessen
habe, weil eben eine singende Frau an mir vorbeiging, weil … Es gibt viele
Gründe. Und irgendwann sehen Sie das Lächeln auf dem Gesicht Ihres
Gesprächspartners – und das verstärkt Ihr gutes Gefühl noch.

Eine Variation macht aus dem Tipp »Der Glücksverstärker« eine wirksame Notfallübung.

Es geht mir gut

o Notfallübung
o Erfordert etwas Zeit
o Lehrt Hilfe und Selbsthilfe

Es geht Ihnen gerade gar nicht gut, alles ist Ihnen zu viel, draußen ist seit Tagen das reinste Sauwetter und das Essen im Restaurant war teuer und schlecht.

Bitten Sie einen Menschen Ihres Vertrauens um Unterstützung bei der Übung. Wenn gerade niemand zur Verfügung steht, teilen Sie sich selbst in zwei Personen: die Unglückliche und die Helfende. Damit Sie beide anschaulich verkörpern können, stellen Sie zwei Stühle hin, auf die Sie sich abwechselnd setzen, je nachdem in welcher Rolle Sie gerade sprechen.

Der Helfer fragt: »Wie geht es dir?« Sie antworten: »Es geht mir gut, weil...« Suchen Sie für Ihre Antwort nach allem Positiven, was Sie glaubhaft behaupten können. Fragen und antworten Sie so lange, bis sich Ihr düsteres Gefühl etwas aufhellt.

Wenn Sie diese Übung alleine ausführen, fallen Sie ziemlich schnell in Ihr Unglück zurück. Dann lassen Sie die unterstützende Person insistieren: »Du wolltest mir doch sagen, wie gut es dir geht und warum es dir gut geht.«

Am Ende dieser Übung sind Sie um die wichtige Erfahrung reicher, dass Sie Ihren Gefühlen nicht hilflos ausgeliefert sind. Sie haben ein »Mitspracherecht« dabei, ob es Ihnen gut oder schlecht geht. Und Sie und Ihre Mitmenschen können einander bei dieser Erfahrung unterstützen.

DAS ÜBERSEHENE GLÜCK

> **TIPP** DER GLÜCKSSPIEGEL
>
> Wenn Sie jemanden fragen: »Wie geht's dir?«, bekommen Sie üblicherweise die positive Antwort: »Gut.« Sagt Ihr Gegenüber, es gehe ihm gut, dann fragen Sie doch mal nach: »Oh, was gibt's denn Schönes? Erzähl doch mal!« Fragen Sie nach und bekunden Sie Anteilnahme, denn Mitgefühl haben wir ja nicht nur, um Unglück zu »spiegeln«. Ihr Gesprächspartner freut sich, Ihr Interesse geweckt zu haben, auch wenn er kein Unglück zu berichten hat – und Sie bekommen ja selbst etwas ab: Geteilte Freude ist doppelte Freude. Wenn die Standardantwort »gut« aber eher höflich als ehrlich war, erfahren Sie durch Ihr Nachfragen vielleicht, warum es dem Gegenüber doch nicht so gut geht. Dann schenken Sie dem ebenso Aufmerksamkeit, tun ihm damit etwas Gutes und vertiefen Ihren Kontakt.

Für Fortgeschrittene in Sachen Glücklichsein habe ich eine weitere Anregung: Antworten Sie einfach, es gehe Ihnen gut, auch wenn mal nicht alles gut ist. Zählen Sie zwei oder drei Dinge auf, die »trotzdem« gut sind, auch wenn Ihr Grundgefühl nicht so positiv ist. Kurz: Tun Sie so *als ob*. Sie werden sehen: Ihr Gehirn ist leichtgläubig. Bald geht es Ihnen schon viel besser.

Wie die Geschichte ausging

Tja, erst einmal war die Story zu Ende, aber dann las Lukas' Mutter ein bestimmtes Buch. Als ihr Sohn das nächste Mal zufrieden nach Hause kommt, zeigt sie ihm ihre Freude darüber und fragt ihn nach den Einzelheiten: »Was habt ihr denn gespielt?« Sie lässt sich alles genau erzählen und fragt noch ein paar Mal nach: »Und danach?« – »Wer hat denn noch mitgespielt?« Kurz gesagt: Sie *stellt dem Glück einen Stuhl hin*. Lukas erzählt gern von seinem Glück und lernt für sein Leben, wie gut es tut, in seiner Freude bestärkt zu werden und ebenso andere in ihrer Freude zu bestärken.

SELBSTÜBERLISTUNG
PER WACKELKONTAKT

Wie wir uns durch Altruismus unglücklich machen

Es geschah direkt nach der Nacht, in der ich geglaubt hatte, blind zu werden. Nachdem ich mich vom Schreck erholt hatte, freute ich mich auf die Meditation, mit der morgens das Seminar begann. Die Meditation war immer begleitet von elektronischer Musik, die uns half, in eine tiefe Entspannung zu kommen.

Ich schaltete also meinen tragbaren CD-Player an und setzte den Kopfhörer auf: Nichts, dann Rauschen, dann ein bisschen Musik, dann wieder nichts. Kopfhörer, Kabel, Stecker, Discman: Irgendwo war ein Wackelkontakt. Wenn ich auch nur atmete, war es mit dem Musikhören vorbei. Ich begann mich zu ärgern. Um mich herum saß eine Gruppe von zwölf ruhigen, in Meditation versunkenen Menschen. Eine Weile versuchte ich es ohne Musik, aber meine Unruhe steigerte sich.

Da fiel mein Blick auf meinen Mann Jens. Er saß tief entspannt wie alle anderen da, mit Stöpseln in den Ohren. Die Kabel der Stöpsel führten zu meinem (!) Zweitgerät. Ich hatte nämlich einen

Discman für zu Hause und einen für die Praxis. Und Jens hatte ich das heile Gerät geliehen. Zwar hatte ich vorher gewusst, dass ich mir selbst das unzuverlässige Gerät zugeteilt hatte, aber selbst das änderte nichts an meiner emotionalen Reaktion: Ich fühlte mich wütend, ausgenutzt, ungerecht behandelt und einfach bemitleidenswert – und das alles nach dieser Horrornacht. War ich nicht wirklich zu bedauern?

Was war geschehen?

Solche Dinge passieren mir immer mal wieder: Ich leihe Elvira ein Buch, von der ich weiß, dass sie Bücher niemals zurückgibt. Und das ist okay bei ihr, denn im Gegenzug verlangt sie auch nicht, dass man ihr irgendetwas zurückgibt, das man sich von ihr leiht – abgesehen von Geld. Der Unterschied zwischen Elvira und mir ist: Ich rechne damit, ausgeborgte Dinge zurückzubekommen. »Dann darfst du mir eben nichts leihen«, sagt Elvira.

Manchmal gebe ich sogar den Krimi aus der Hand, den ich gerade voller Spannung lese. Ich erzähle einer Freundin begeistert davon und dann gebe ich ihn ihr gleich mit. *Diese* Freundin gibt ihn allerdings schnell zurück.

Nutzen Sie sich selbst aus?

Übergroße Freundlichkeit oder Hilfsbereitschaft kann krankhafte Ausmaße annehmen. Sie kann sehr viel zu dem Gefühl beitragen, dass wir ständig überfordert sind, dass das Leben ungerecht ist und die Mitmenschen uns ausnutzen.

Sie hören zum Beispiel einer Freundin am Telefon zu, wie sie sich zum elften Mal über ihren Freund oder ihren Chef beklagt, wo Sie sich doch gerade auf ein ausgiebiges Wannenbad gefreut hatten. Oder Sie organisieren die Weihnachtsfeier in Ihrer Abteilung *und*

backen noch einen Kuchen für den Elternnachmittag im Kindergarten *und* fahren eine Freundin, die Autos strikt ablehnt, *mal eben*
zum Möbelhaus … Sie wissen, was ich meine.

Natürlich braucht die Welt Freundlichkeit und Hilfsbereitschaft,
und zwar auch von Ihnen. Aber Sie brauchen eben Zeit für Muße,
um sich Ihre Kraft zu erhalten, damit Sie Hilfe leisten können.

Immer gern? Auch mal nein!

Sie müssen wohl oder übel lernen, ab und zu mit einem Nein auf
eine Bitte zu antworten. Das haben Sie sicher schon oft gehört und
sich ebenso oft vorgenommen; nur hat es selten funktioniert. Und
warum funktioniert es nicht?

Wir sind »Herdentiere«. Das heißt, wir sind darauf angewiesen,
einen guten Platz in der Gruppe einzunehmen. Den wollen und
dürfen wir nicht verspielen. Wir brauchen die Gruppe ja, um gegen
menschenfressende Raubtiere und andere Gefahren zu bestehen.
Das ist der archaische Teil unserer Motivation.

Aber natürlich gibt es auch Gründe für unser Handeln, die in
unserer Lebensgeschichte liegen. So haben wir etwa gelernt, dass
wir gute Menschen sind, wenn wir teilen, und besonders gute,
wenn wir das hergeben, was uns am Herzen liegt. Das muss nicht
religiös begründet sein; es gibt auch andere ideologische Gründe:
Besitzdenken ist kapitalistisch und deshalb ist Eigentum verwerf-
lich. »Also gib dem Nachbarskind dein Schäufelchen …«

Unser Verlustgefühl, unseren Ärger, unsere Wut, wenn wir gegen
unseren Willen lieb und gut sein mussten, haben wir artig zu ver-
bergen gelernt. Wir wollten ja der Mama eine Freude machen und
ein braves Kind sein. Heute sind Sie erwachsen und entscheiden
selbst, was Sie abgeben und wo Sie helfen wollen. Üben Sie das
Nein in kleinen Schritten.

DAS ÜBERSEHENE GLÜCK

TIPP ENTSCHEIDUNGEN AUFSCHIEBEN

Lassen Sie sich mehr Zeit für Ihre Entscheidungen. Das bedeutet nicht, sich zu drücken und sie gar nicht zu treffen. Setzen Sie sich eine klare, angemessene Frist, die Sie dann einhalten. Oft sind es ja die spontanen Zusagen, die wir später bereuen. Lassen Sie sich also nicht bedrängen und drängen Sie sich selbst nicht. Reaktionen wie »Kann ich dir morgen eine Antwort geben?« oder »Ich denke darüber nach und sage dir dann Bescheid« sind freundlich und akzeptabel. Auch wenn schon im laufenden Gespräch eine Entscheidung gefällt werden muss, ist es möglich, Bedenkzeit zu bekommen: »Lass mich bitte einen Moment nachdenken.« Sollte alles nicht helfen, dürfen Sie sich mit einer Ausrede aus der Situation entfernen: »Warte mal eben, da kocht etwas über.« Notfalls müssen Sie einfach ganz dringend zur Toilette. Dort fragen Sie sich dann: »Will ich oder will ich nicht?«

Wenn Sie also das nächste Mal um einen Gefallen gebeten werden, sollten Sie zuerst einmal innehalten. Denken Sie wenigstens daran, nicht reflexartig zuzusagen! Das ist schon ein echter Erfolg. Und selbst wenn Sie sich für dieses Mal doch nicht zu einem Nein durchringen konnten, ist noch nichts verloren.

Das nachträgliche Nein

Mal ehrlich: Manchmal wissen Sie eigentlich schon bei der Zusage, dass Sie Nein sagen sollten. Und so grummelt es in Ihnen: Wie komme ich jetzt darum herum? Die Antwort ist äußerst einfach: Nehmen Sie Ihre Entscheidung zurück! Sagen Sie: »Es tut mir leid; ich hatte nicht gut nachgedacht. Ich kann leider doch nicht.« Das fühlt sich am Ende besser an als jede unehrliche Ausrede. Natürlich wird der Bittende etwas enttäuscht sein; das darf er! Jeder hat ein Recht auf seine Gefühle. Aber Sie waren ehrlich und die Erleichterung ist eine gute Belohnung.

Immer gern? Auch mal nein!

Wirklich einmal zu seinem Unwillen zu stehen und zu einem Nein zu kommen fällt schwer. Erziehung, Gewohnheit und gesellschaftliche Konvention tun das ihre. Es braucht schon einen starken Willen, über diesen Schatten zu springen.

TIPP EIN ANDERES MAL NEIN SAGEN

Sie haben also wieder einmal etwas zugesagt, was Sie gar nicht tun möchten? Und Sie schaffen es auch nicht, Ihre Zusage zurückzunehmen? Na und? Dann tun Sie ohne Groll noch dieses eine Mal, was Sie versprochen haben. Darauf kommt es nicht wirklich an, sondern darauf, dass Sie grundsätzlich besser auf sich aufzupassen beginnen. Sagen Sie sich: »Nächstes Mal klappt es.« Vielleicht hilft die Frage: »Wie alt bin ich gerade?« So finden Sie vielleicht heraus, warum es Ihnen so schwer fällt, einer bestimmten Person eine Absage zu erteilen. Wenn Sie gerade bei dieser Person um ihre Zuneigung bangen, werden Sie schon Ihre Gründe haben. Seien Sie milde mit sich!

Wie die Geschichte ausging

In der »Befindlichkeitsrunde« nach der Meditation brachte ich kein Wort heraus; vor allem aus Angst, vor versammelter Mannschaft in Tränen auszubrechen. Wieder einmal war das Leben gegen mich und ich war das unschuldige Opfer. Aber im Verlauf der nächsten Minuten beruhigte ich mich. Ich dachte an meinen Lieblingsspruch von den *Fantastischen Vier,* der deutschsprachigen Rap-Band aus Stuttgart: »Du denkst, die Welt ist gegen dich? Das ist sie nur gelegentlich.«

Die Fähigkeit, das Wort »Nein« auszusprechen,
ist der erste Schritt zur Freiheit. Nicolas Chamfort (1741–1794)

DAS ÜBERSEHENE GLÜCK

Also erzählte ich der Gruppe von meinem Rauchmelder-Spuk. Die Geschichte mit dem Wackelkontakt des CD-Players ließ ich lieber weg; sie war mir dann doch zu peinlich. Rudolf, der Seminarleiter, holte zu einer Erklärung zum Thema »Fakt und Story« aus, wie er es formulierte. Es ging genau darum, wie wir ein paar kleine Geschehnisse zu einer Schreckensgeschichte aufbauschen. So war ganz nebenbei die Idee zu diesem Buch geboren und eine Nacht voller Sorgen hatte sich doch noch gelohnt.

Inzwischen habe ich übrigens einen MP3-Player, den ich niemals jemandem leihe!

Vielleicht werden Sie sich fragen, warum ich diese Geschichte ins Kapitel »Das übersehene Glück« sortiert habe. Die Antwort ist ganz einfach – und gleichzeitig eine Übung: Suchen Sie die möglichen Glücksmomente in dieser Geschichte, die ich alle übersehen habe, weil ich so mit meinem Selbstmitleid beschäftigt war, also mit meinen »Storys«.

Von dem Glück, das man allzu leicht übersieht, handelt auch der folgende Abschnitt. Wir übersehen wirklich sehr oft unser Glück. Wir übersehen, dass wir mit allem ausgestattet sind, was wir brauchen, um ein gutes Leben zu führen. Natürlich haben wir unsere Gründe dafür. Sie liegen in unserem persönlichen Schicksal oder in der Beschaffenheit unseres Gehirns – oder auch beides. Aber dabei müssen wir es nicht belassen. Es wäre doch schade, wenn wir den Blick für die Fülle des Lebens verlören.

Schließt sich uns eine Tür zum Glück, öffnet sich eine andere. Doch manchmal blicken wir so lange auf die geschlossene Tür, dass wir die geöffnete übersehen. Helen Keller (1880–1968)

DAS LEBEN IM RÜCKSPIEGEL: WAS HAT GEFEHLT?

Vor lauter Defiziten
übersehen wir das vorhandene Gute

Seit Jahren arbeite ich mit großer Freude mit älteren Menschen jenseits der Siebziger. Die meisten Patienten dieses Alters haben keine Therapieerfahrung. Sie sind so gespannt wie ich, was sich noch in Ihrem Leben verändern kann. Zwei Themen stehen im Mittelpunkt: Wie in allen Therapien geht es um Unglück in der Vergangenheit, bei den älteren Menschen aber verstärkt um Dinge, die in der Vergangenheit *nicht* geschehen sind, um Abenteuer, die nicht erlebt worden sind, ungeschriebene Bücher, nicht bezahlte Rechnungen, verweigerte Hilfeleistungen, unerfüllte Wünsche … Versäumnisse nehmen einen großen Raum ein, weshalb sie hier ein eigenes Kapitel bekommen.

All die versäumten, verpassten oder verpatzten Dinge ziehen heftige Gefühle nach sich: Scham, Wut, Schuld oder sogar handfeste Depressionen. Das Gefühl, an etwas zu leiden, was man im Leben verpasst hat, scheint irreparabel zu sein. Wie denn auch? Die Vergangenheit können wir ja eh nicht ändern – denken wir.

DAS ÜBERSEHENE GLÜCK

> ## Nichts wird so oft unwiederbringlich versäumt wie eine Gelegenheit, die sich täglich bietet.
>
> Marie von Ebner-Eschenbach (1830–1916)

Bei Herrn F. ging es nicht um Wünsche, sondern zuerst darum, den Tod seiner Frau zu bewältigen, mit der er über fünfzig Jahre ein Paar gewesen war. Anfangs schien mir seine Trauer angemessen, auch wenn sie schon drei Jahre in aller Heftigkeit andauerte. Nach einer Weile fanden wir in unserer Arbeit jedoch heraus, dass es nicht mehr der Schmerz über die Abwesenheit seiner Frau war, was Herrn F. schon länger quälte. Seit Monaten hatte er eine innige Beziehung zu einer ebenfalls verwitweten Nachbarin. Trotzdem ließ das, was Herr F. Trauer nannte, kaum nach. Es handelte sich dabei um ein tiefes Bedauern, wie wir feststellten, als Herr F. in einer Sitzung in Tränen ausbrach und immer wieder schluchzte: »Es tut mir so leid!« Langsam stellte sich heraus, dass er viele Dinge bedauerte, die er in seinem Leben unterlassen hatte. So hatte seine Frau ihn oftmals angefleht, sich mit der gemeinsamen Tochter zu versöhnen, zu der Herr F. seit einem Streit vor mehr als zehn Jahren gar keinen Kontakt mehr hatte. Manches andere hätte er gern noch mit seiner Frau unternommen gehabt, zum Beispiel eine Reise an die Westküste der USA. Er hatte sie immer wieder verschoben und nun war seine Frau tot.

Was geschieht da?

Was wir nicht getan haben, kann uns genauso belasten wie das, was wir getan haben oder das, was man uns angetan hat. Warum das Gehirn so arbeitet, ist nicht ganz klar. Wahrscheinlich werden im rechten präfrontalen Cortex jene negativen Gefühle gespeichert, die mit Versagen verbunden sind. Da ist zunächst ein Bedauern oder

Schuldgefühl. Das Gefühl verstärkt sich bei jeder Erinnerung an die ursprüngliche Begebenheit. Bei Dingen, die real passiert sind, tritt nach einiger Zeit meist eine Beruhigung ein mit der Gewissheit: »Es ist vorbei.« Der Schmerz lässt nach. Was wir versäumt haben, wird aber nicht allein durch die Zeit geheilt.

So können uns fünf Mark, die uns eine Verkäuferin vor langer Zeit zu viel herausgegeben hat, zu einem Dorn im Fleisch werden, ebenso manche Wünsche, die wir unseren Eltern, Kindern oder Freunden nicht erfüllt haben. Manchmal trösten wir uns noch mit dem Satz: »Ich könnte ja noch …, später …« Aber irgendwann ist es wirklich zu spät. Und so leiden wir – diesmal nicht an den schlimmen Dingen, die geschehen sind, auch nicht an unseren Fantasien, sondern an dem, was nicht geschehen ist.

Die Vergangenheit ist nicht vorbei

Dass wir die Vergangenheit nicht ändern könnten, ist natürlich ein Irrtum! Wir verändern sie ja andauernd: In der Erinnerung überformen, ergänzen oder verwischen wir sie. Unser Gehirn unterscheidet nämlich nicht so genau, ob das, was ich erzähle, die wahre Geschichte ist oder nur meine Erinnerung daran. Die Traumatherapie macht sich das zunutze: Nach einer Vorbereitungsphase sollen die Patienten ihre Geschichte neu erzählen, aber mit einem anderen Schluss. Auch wenn sie wissen, dass sie nicht »die Wahrheit« sagen, wirkt die neue Variante heilsam.

Hier geht es mir nicht um Traumata, sondern oft um schlichte Versäumnisse, die uns das Leben schwer machen. Ich weiß, dass es viele Gründe gibt, Nein zu sagen, und dass wir es dringend lernen müssen. Aber genau so viele Gründe gibt es, Ja zu sagen. Wichtig ist, das eine vom anderen zu unterscheiden – gar nicht einfach, ich weiß. Nehmen Sie sich also Zeit vor einer Antwort.

DAS ÜBERSEHENE GLÜCK

Hier geht es um das Bedauern, etwas verpasst zu haben. Es ist zu spät, etwas zu tun, das wichtig gewesen wäre. Was nun? Können wir überhaupt noch etwas tun? Aber ja! Wir müssen sogar! Sonst bleibt das Bedauern wie ein Dorn in der Haut eine Belastung für die Seele. Und manche von uns tragen viele solche Pfeilchen mit sich herum. Was machen wir also damit?

Versäumtes 1: Bewusst machen

- Einsteigerübung
- Basis für die Bewältigung
- Sorgt für rationale Klarheit

Legen Sie eine möglichst vollständige Liste an mit allem, was Sie bisher versäumt zu haben glauben: Unerfüllte Wünsche, uneingelöste Versprechungen, nicht bezahlte Rechnungen und so weiter. Nehmen Sie sich viel Zeit dafür. Hier ein paar Beispiele:

- Ich wäre so gern eine gute Reiterin geworden.
- Ich wollte Irmgard zum Essen einladen und habe es nie getan.
- Ich würde so gern in Griechenland am Strand schlafen – wie vor vielen Jahren alle meine Freunde.
- Meine Mutter wäre gern noch einmal mit mir nach Pommern in ihren Heimatort gefahren.
- Ich hatte meiner Tochter so viele Male versprochen, mit ihr in ein Ballett zu gehen, aber es hat noch nicht geklappt.
- Ich wollte immer im Zehnfingersystem schreiben können.

> **Im Alter bereut man vor allem die Sünden, die man nicht begangen hat.**
> William Somerset Maugham (1874–1965)

Versäumtes 2: Bewerten

- Einsteigerübung
- Räumt Unwichtiges aus dem Weg
- Klärt die Prioritäten

Sortieren Sie Ihre Versäumnisse in zwei Gruppen, nämlich *wichtig* und *nebensächlich*. Unterscheiden Sie nicht nach objektiven Kriterien wie Zeit- und Geldaufwand, sondern nur nach Ihrem Gefühl. Stellen Sie sich eine Skala von 1 bis 10 vor. 1 bedeutet: ganz und gar unwichtig, fast verzichtbar. 10 bedeutet: Wenn sich das nicht verändert, werde ich nicht gut weiterleben. Diese Skala empfiehlt sich für viele Beurteilungen und Abschätzungen.

Wichtig sind alle Versäumnisse aus Ihrer Liste, die Sie mit 6 bis 10 Punkten bewertet haben. Diese bearbeiten Sie zuerst weiter; die anderen können warten. Die wichtigen Versäumnisse sortieren Sie nun wieder in zwei Kategorien: Entweder ist die Erledigung noch real möglich oder nicht. So können Sie vielleicht nicht mehr mit Ihrer Mutter verreisen, aber noch mit Ihrer Tochter ins Ballett gehen. Das führt zur nächsten Übung.

Versäumtes 3: Nachholen

- Einsteigerübung
- Löst Aktivität aus
- Befreit von Ballast und schlechtem Gewissen

Gehen Sie nun die Angelegenheiten und Vorhaben an, die Sie noch tun oder erledigen können. Manche sind vielleicht unangenehm oder befremdlich – wie etwa einer Kassiererin nach langer Zeit zu viel herausgegebenes Geld zurückzubringen. Manche sind aber einfach wunderschön, wie zum Beispiel endlich mit Ihrer Tochter ein Ballett zu erleben. Und wahrscheinlich können Sie noch Reitstunden nehmen, ganz gleich, wie alt Sie sind. Stellen Sie am besten einen Zeitplan auf, wann Sie welche Dinge erledigen wollen, die noch möglich sind. Bei allen nachgeholten Versäumnissen winkt Ihnen eine große Belohnung: nachhaltige Erleichterung.

Nun zu den nicht mehr real machbaren Dingen und Angelegenheiten: Auch für diese ist nicht alle Hoffnung verloren, denn es geht Ihnen ja nicht ums Gegenständliche, sondern um Ihren Seelenfrieden. Dafür machen Sie sich wieder zunutze, dass es unser Gehirn mit der Wahrheit nicht allzu genau nimmt.

Versäumtes 4: Ritualisieren

- Übung für Könner
- Heilt mithilfe von Symbolik
- Führt zu wirksamen Ersatzhandlungen

Wenn wir eine Aktion symbolisch vornehmen, erlebt unser Gehirn das fast genauso, als nähmen wir die gemeinte Handlung real vor. Ich habe darüber in der Geschichte über den Jongleur (siehe ab Seite 150) geschrieben. In der Geschichte über meine Patientin Karin (siehe ab Seite 160) symbolisieren die roten Schuhe die Erfüllung von Kinderwünschen. Für diese Art der Selbstberuhigung sind Ihre Fantasie und Ihr Gefühl gefragt. Wenn es Ihnen noch zu schwierig erscheint, sich ein passendes Ritual auszudenken, machen Sie erst einmal mit anderen Übungen weiter.

Hier aber ein konkretes Beispiel: Um sich damit zu versöhnen, dass sie ihre Mutter in deren letzten Lebensjahren viel zu selten besucht hatte, dachte sich eine Patientin erfolgreich dieses kluge Setting aus: Sie stellte ein Portrait ihrer Mutter auf den Tisch und setzte sich über eine Reihe von Tagen für einige Minuten diesem Bild gegenüber hin. Mit halblauter Stimme erzählte sie, was sie gerade erlebt hatte. Am Ende trug sie einen großen Blumenstrauß zum Grab – und in der darauf folgenden Therapiestunde sagte sie: »Nun ist es aber auch gut!« Und das klang sehr überzeugend.

Was aber tun wir nun mit den restlichen Dingen, für die es endgültig zu spät ist, mit Ideen, deren Durchführung ganz und gar unmöglich geworden ist? Wir müssen uns verabschieden!

Versäumtes 5: Loslassen

- Erfordert etwas Zeit und Mühe
- Befreit von unerfüllbaren Wünschen
- Setzt einen erlebbaren Schlussstrich

Die Übung gelingt nach mehrmaliger Wiederholung und lässt sich vielfältig einsetzen. Sie können sie real ausführen oder auch nur in Ihrer Imagination. Wirksamer ist sie aber, zumindest am Anfang, wenn Sie die Dinge konkret tun.

Nehmen Sie ein paar Bogen schönes Schreibpapier und eine kleine Kiste, eine Schachtel oder ein Kuvert. Schreiben Sie je eines Ihrer endgültigen Versäumnisse auf ein Blatt, zum Beispiel die Reise mit der Mutter. Nehmen Sie sich Zeit und gestalten Sie liebevoll das Thema dieses Satzes aus – mit einem Foto, einer Zeichnung oder sonstwie. Drücken Sie Ihr Bedauern über das Versäumnis aus: »Es tut mir leid, dass ich Dir diesen Wunsch nicht erfüllen konnte.« Oder auch – wie in dem Reiterbeispiel: »Ich wäre gern Springreiterin geworden. Dazu ist es jetzt zu spät. Wie schade!« Sammeln Sie die Blätter in der Kiste. Am Ende verbrennen oder vergraben Sie sie oder versenken sie im Wasser. Es ist vorbei.

DAS ÜBERSEHENE GLÜCK

Versäumtes 6: Verzichten
- Lernübung, braucht etwas Routine
- Vertreibt überkommene Illusionen
- Macht der Vernunft Platz

Wählen Sie aus Ihren Listen eine Unterlassung oder ein Versäumnis aus. Stellen Sie sich nun rein theoretisch vor, Sie hätten das tatsächlich Verpasste seinerzeit getan oder erledigt. Was wäre dann anders geworden? Würde sich Ihr heutiges Leben deutlich vom jetzigen unterscheiden? Zum Besseren? Vielleicht, vielleicht auch nicht. Irgendetwas wäre vielleicht anders. Die Zauberformel ist: »Ja und?« Und auch: »Es ist nun, wie es ist. Alles ist richtig so.«

Wie die Geschichte ausging

Herr F. tat sich sehr schwer damit, sich die Versäumnisse gegenüber seiner Frau zu verzeihen. Auch seine neue Beziehung war davon überschattet. Nach einer Weile gelang es ihm aber, seine Freundin um Hilfe zu bitten, und diese stellte dann den Kontakt zur Tochter her. Die war, wie nicht anders zu erwarten, schon lange zu diesem Kontakt bereit gewesen, hatte aber nicht den Mut aufgebracht, den ersten Schritt zu tun. Auch sie hatte schon oft an den Vater gedacht und sich gefragt, wie es ihm wohl jetzt gehen möge. Und auch sie hatte schon öfter an die unerfüllten Wünsche der Mutter gedacht.

So kam es, dass doch noch eine Reise an die Westküste der USA stattfand. Sie wurde zu einem zentralen Familienereignis, da die Tochter und ihre eigene Familie und Herr F. mit seiner neuen Freundin sie gemeinsam unternahmen. Am Ende erzählte mir Herr F., seine Frau wäre sicher stolz darauf gewesen, wie viel Freude sie alle zusammen auf dieser Reise gehabt hätten. So war auch sie symbolisch dabei gewesen.

PECH, UNGLÜCK UND TRAGÖDIEN

Leider bilden wir uns das Unglück nicht immer nur ein. Das Leben konfrontiert uns mit vielem, was wir lieber nicht erleben würden: von nervigem Alltagspech über Beziehungsprobleme bis zu ernsten Schicksalsschlägen. Vielem können wir nicht aus dem Weg gehen. Aber wir können uns immer helfen und helfen lassen.

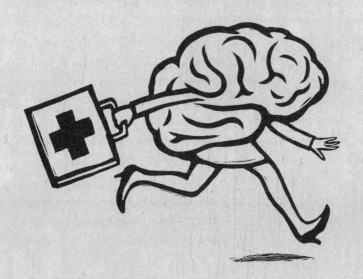

WAS TUN, WENN DER TIGER WIRKLICH ZUBEISST?

Pechsträhne selbst gedreht:
Ein Unglück kommt selten allein

Als der Wecker wie immer um 6:30 Uhr klingelte, fühlte Nicola sich müde und unausgeschlafen. Sie wollte einfach nicht aufstehen und war unversehens wieder eingeschlafen. Endlich erwachte sie – mit nicht weniger Kopfweh als eine halbe Stunde zuvor. Jetzt war es aber höchste Zeit! Schnell aufstehen, kurz duschen, für den Kaffee war keine Zeit.

Draußen regnete es in Strömen, ihre Stimmung rutschte vollends in den Keller. Die Straßenbahn war pünktlich, dafür aber so voll, dass sie sich mühsam zwischen einen nicht gut riechenden und dickbäuchigen Rentner und eine hochschwangere junge Dame zwängen musste. »Warum bietet ihr denn niemand einen Platz an?«, fragte sie sich. Und: »Kann der Alte denn nicht dann Straßenbahn fahren, wenn der Berufsverkehr vorbei ist?« Die Enge und die schlechte, feuchte Luft genügten, um ihre brummige Laune in heiße Wut zu verwandeln. Als sie ausstieg, hatte sich der Regen noch verstärkt. Natürlich hatte sie in der Eile ihren Schirm vergessen. Mit triefenden Haaren – von Frisur konnte keine Rede mehr sein – betrat sie das Büro. Ihre Lieblingskollegin sah ihr Elend, stürzte auf sie zu, versuchte sie in den Arm zu nehmen und begann gerade zu sprechen: »Was ist denn mit dir los? Kann ich dir …« Da riss sich Nicola von ihr los und fuhr sie an: »Lass mich um Himmelswillen in Ruhe!« Dann feuerte sie die Handtasche auf ihren Stuhl und stürmte auf die Toilette, wo sie sich mit Papierhandtüchern die Haare trocken rubbelte und etwas weinen musste.

Was war geschehen?

Nicola ist in gewissem Ausmaß »selbst schuld«. Als es für ihre gewöhnliche morgendliche Routine zu spät ist, schlittert sie aus der Kurve und gerät, ohne nachzudenken, in eine Art Strudel. Nach dem verspäteten Aufstehen hätte es Nicola gutgetan, ein paar kurze Übungen zu machen: Mit zwei, drei Atemzügen am offenen Fenster hätte sie die frische Luft genossen und zugleich festgestellt, dass es regnet. Dann noch eine halbe Minute des Nachdenkens: »Was mache ich jetzt? Ich rufe im Büro an, dass ich mich etwas verspäte. Und: Regenschirm nicht vergessen! Kann ich mir heute vielleicht ein Taxi leisten?« Alles keine Zauberei.

Distanz gewinnen, die Eigendynamik durchbrechen

Anhand von Nicolas Geschichte wird der Sinn jenes paradoxen buddhistischen Sprichworts deutlich, das da lautet: »Wenn du es eilig hast, gehe einen Umweg.« Weil unser Gehirn sich nützlich machen will, laufen wir in der Hektik die gewohnten Synapsenbahnen ab, nur etwas schneller. Da bleibt schon mal was auf der Strecke. Natürlich sind Automatismen hilfreich, denn zur Not funktionieren sie auch, wenn wir ganz unglücklich sind. Oft sagen wir

PECH, UNGLÜCK UND TRAGÖDIEN

dann: »Ich funktioniere nur noch!« Meist ist das sogar gut, denn was bliebe uns sonst übrig, als im Bett zu bleiben und im Gram zu versinken – was natürlich nach einem schweren Schicksalsschlag eine angemessene Reaktion sein kann.

In ihrer Hektik hat Nicola zusätzlich etwas Pech: Sie verliert den Freiraum um sich herum, den »Tanzabstand«. Das ist der Raum, den Sie brauchen, wenn Sie allein tanzen, also mindestens so viel, dass Sie rundherum beide Arme lang ausstrecken können. In Liebesbeziehungen oder zärtlichen Augenblicken, etwa mit den eigenen Kindern, kann dieser Raum sehr viel kleiner sein.

Der angemessene Abstand ist auch kulturell bedingt. In Indien gibt es ihn so gut wie gar nicht. Die Idee, allein zu wohnen, erscheint den Indern absurd. Niemand dort hat meinen Zorn verstanden, wenn er mir zu nah auf die Pelle gerückt ist, um mir ein tolles Angebot zu machen – etwa für eine Fahrt in seinem Taxi.

Mit Abstand am besten

Wir Westeuropäer brauchen einen gewissen Abstand zu fremden Mitmenschen: an der Supermarktkasse, im Büro und oft auch im Privatleben. Nicht immer ist dieser Raum vorhanden, aber wir können ihn immer wieder herstellen.

An der Supermarktkasse ist es durchaus gestattet, die drängelnde Hinterfrau um einen Schritt Abstand zu bitten, bevor die Wut Ihren Puls beschleunigt oder Ihrem guten Ruf schadet: »Die Schlange wird zwar kürzer, wenn Sie so dicht aufrücken, schneller geht es aber bestimmt nicht.« Oder Sie sagen: »So eng wollte ich gar nicht mit Ihnen tanzen.« Die Hinterfrau wird das vielleicht nicht verstehen, aber schon vor lauter Verblüffung zurückweichen. Oder sie wird neugierig und fragt: »Wie meinen Sie das denn?« Dann erklären Sie ihr die Sache mit dem Tanzabstand. Schon ist der Stress vergessen – auf beiden Seiten.

Distanz gewinnen, die Eigendynamik durchbrechen

Tanzabstand und Umweg haben etwas gemeinsam, weshalb sie hier im selben Kapitel vorkommen: Sie verschaffen uns Raum, Abstand zum Gegner, und sei er auch imaginär oder abstrakt. Mit Distanz können wir uns besser auf die Realität fokussieren.

Einen eigenen Raum schaffen

Ganz unabhängig davon, in welcher Situation Sie sich gerade befinden: Wenn Sie sich von jemandem bedrängt fühlen, sollten Sie erst einmal einen Schritt zurücktreten. Aus dem vergrößerten Abstand können Sie erkennen, dass Ihr – zugegeben lästiges – Gegenüber kein gefährlicher Feind ist. Also machen Sie, wenn es räumlich möglich ist, einen Schritt rückwärts – real, mit den Füßen! Atmen Sie zuerst tief aus. Mit dem nächsten Einatmen machen Sie den Schritt nach hinten. Wenn möglich, schauen Sie Ihren Gegner dabei an, aber ohne zu lächeln; sonst versteht er es als Aufforderung, Ihnen zu folgen.

Manchmal ist es einem nicht möglich, einen Schritt zurückzutreten. Sie können manche Situationen nicht beenden oder den Raum verlassen. Auch dafür gibt es Techniken und Lösungen.

TIPP DIE ABSTANDSBLUME

Lässt sich zwischen Ihnen und der Person, die Ihnen zu nahe rückt, kein realer Abstand herstellen, stellen Sie sich einfach eine Blume vor, die zwischen Ihnen und der anderen Person steht – am besten Ihre Lieblingsblume. Diese Blume ist so schön, dass keine aggressive Stimmung in die Situation kommt, und sie markiert deutlich eine Grenze.

Die Abstandsblume hilft auch, wenn ein Mensch Ihnen innerlich zu nahe tritt, also etwas erzählt, das Sie nicht wissen möchten, wenn er zu persönlich wird, Sie vielleicht verletzt. Sie können die Wirkung verstärken, wenn Sie ein Foto Ihrer Blume unauffällig auf dem Tisch liegen haben.

Eine sehr starke Technik, mit der Sie innerlich Distanz zu anderen gewinnen und sich schützen, zeigt die folgende Übung auf.

Eine imaginäre Grenze ziehen

- Lernübung, braucht etwas Routine
- Wirkt gegen chronisch lästige Personen
- Bezieht die Fantasie und den Körper ein

Üben Sie diese Imagination zuerst »im Trockenen«. Stellen Sie sich die Person vor, die Ihnen oft zu nahe tritt – egal ob räumlich oder persönlich. Setzen Sie nun zwischen sich und den Gegner einen »Abstandshalter«. Dazu wählen Sie etwas, das der Beziehung entspricht, die Sie zu der Person haben: eine Rose oder Dornenhecke, eine Mauer, eine Blumenwiese oder auch einen Stacheldrahtzaun … Verbinden Sie das Bild mit der Person und spüren Sie die Erleichterung, die Ihnen der gesicherte Abstand gibt. Spüren Sie, wo im Körper dieses Gefühl am deutlichsten ist. Wenn Sie der lästigen Person erneut begegnen, legen Sie Ihre Hand auf die eingeprägte Körperstelle, erinnern sich so an den »Abstandshalter« und lassen sich erst dann auf ein Gespräch ein.

Als Erwachsener handeln

Wenn Sie sich vor Augen halten, dass Sie erwachsen und also Herr Ihrer selbst sind, ist schon viel gewonnen. Nichts und niemand außer Ihnen selbst bedroht in der Regel Ihre Souveränität. Nur das brauchen Sie sich bewusst zu machen, dann kostet es Sie noch ein kleines Stück Überwindung, aus der Klemme, Hektik oder Konfrontation sozusagen seitlich auszubrechen, statt mit dem Kopf voran durch die Wand zu wollen.

Als Erwachsener handeln

> **TIPP RÜCKZUG UND NEUER ANLAUF**
> Auch wenn es Ihnen befremdlich erscheint: Verlassen Sie die Situation, bevor Sie etwas sagen oder tun, das Sie später bereuen. In der Regel kann Ihnen niemand befehlen: »Bleib hier, wenn ich mit dir rede!« Also gehen Sie einfach. Sie können vortäuschen, etwas Wichtiges vergessen zu haben, ganz dringend zur Toilette zu müssen, oder imaginäre Milch überkochen lassen. Nehmen Sie sich ein paar Minuten zum Durchatmen und zum Überlegen: Worum geht es hier eigentlich? Was ist jetzt wichtig? Was will ich sagen oder tun? Machen Sie eine Dehn- oder Streckübung, gähnen Sie und kehren Sie erst dann in die Situation zurück: aufmerksam und präsent ja, aber nicht angespannt oder ängstlich. Und falls das alles noch nicht ausgereicht hat, dürfen Sie immer noch sagen: »Reden wir bitte später darüber, ich muss erst nachdenken.«

Verlassen Sie die üble Situation auch dann, wenn es scheint, als hätten Sie dafür keine Zeit. Das sollten Sie möglichst oft üben.

Ruhe bewahren, Hirn einschalten

○ Einsteigerübung
○ Wirkt gegen Hektik und Stress
○ Öffnet die Augen für die Realität

Sie stecken in einem Dilemma: Sie sind viel zu spät dran oder Sie können nicht alles Dringende sofort bewältigen. Wenn Sie sich nun besonders beeilen, öffnen Sie allem möglichen Unglück die Tür. Also müssen Sie – nun erst recht – durchatmen und nachdenken: Was ist jetzt am wichtigsten? Wie kann ich Zeit einsparen? Und vor allem: Wie schlimm ist die Situation wirklich? Welche Gefahr droht? Wahrscheinlich ist alles halb so schlimm wie in Ihrer stets katastrophenbereiten Fantasie. Wieder mal.

PECH, UNGLÜCK UND TRAGÖDIEN

Den inneren Abstand stabilisieren

- Übung für Könner
- Stärkt die Souveränität
- Aktiviert die Kräfte von Körper und Fantasie

Diese Übung soll das, was Sie mit Akutmaßnahmen kurzfristig erreichen können, auf Dauer stabilisieren. Legen Sie eine Musik auf, die Sie sehr mögen, etwas Beruhigendes, Langsames. Tanzen Sie dazu in fließenden Bewegungen. Dann strecken Sie die Arme aus, heben die Hände wie zur Abwehr hoch, bis Sie ein leichtes Ziehen in den Handballen fühlen. Das ist die Wand, die Sie spüren sollen. Tasten Sie nun mit den Händen ringsum den Luftraum ab. So markieren Sie einen eiförmigen Raum um sich herum. Stellen Sie sich dort eine Wandung aus festem Material vor, die Sie schützt. Nichts dringt gegen Ihren Willen herein, aber Sie können Ihre Umwelt sehen und hören, sofern Sie wollen. Genießen Sie den Schutz, die Musik und Ihre Bewegungen.

Wie die Geschichte ausging

Mit einer Atemübung konnte Nicola sich beruhigen. Beim Blick in den Spiegel konnte sie schon lächeln: Die hochstehenden Haare sahen gut aus; fürs nächste Ausgehen würde sie das mal mit einem Gel versuchen. Dann ging sie mit leicht mulmigem Gefühl ins Büro zurück. Ihre Kollegin sah ihr etwas angespannt entgegen. Nicola lächelte: »Es tut mir leid, dass ich dich so angefahren habe, heute ist einfach nicht mein Tag.« Sie zählte alle Widrigkeiten auf, die ihr begegnet waren, und endete mit: »Gott sei Dank ist nichts Schlimmes passiert!« Dann spielten die beiden Frauen noch eine Weile das Spiel: Was hätte alles passieren können, was ist mir alles erspart geblieben? Danach konnte Nicola arbeiten wie immer. Ach ja: Ihr Kopfweh hatte sie vergessen.

DAS SCHÖNE FEST
UND DIE TRÄNEN DES PANDAS

Der Mensch braucht Pausen –
auch vom Unglück

Klara machte eine der schlimmsten Phasen ihres Lebens durch. Noch wenige Wochen zuvor war alles bestens im Lot gewesen: Beruf, Liebe, Gesundheit. Die »drei Standbeine« ihres Lebens, wie sie sie nannte, waren stabil. Nun hatte es in ihrem Leben gewaltig zu beben begonnen. Ihr Mann Klaus hatte »mit dir oder ohne dich« einen Job in Malaysia angenommen. Sie konnte nicht einfach dorthin mitgehen, denn ihr Job hielt sie hier fest. Und sie fürchtete sich vor Malaysia, vor der Hitze, vor ihrer eigenen Untätigkeit und der Fremdheit. So hatte sie beschlossen, zu Hause zu bleiben und ihren Mann im Urlaub zu besuchen. In seinem Urlaub sollte er nach Deutschland kommen. So würden sie sich zwei Mal im Jahr ein paar Wochen lang sehen. Manchmal trafen sie sich per Skype – aber das war wegen der Zeitverschiebung unpraktisch. Und Klara vermisste ihren Mann mehr, als sie erwartet hatte, mehr, als sie ihm sagen würde. Sie fühlte sich verlassen, schwach und unglücklich, litt oft an Kopfweh und Erkältungen.

Dann hatte ihre Freundin Annette sie eingeladen. Zu einem runden Geburtstag sollte es eine Riesenparty geben – mit Livemusik, vielen Aktionen und künstlerischem Begleitprogramm, gutem Essen … Alle Gäste waren aufgefordert, eine kleine »Kultureinlage« beizutragen. Spontan beschloss Klara, die Einladung abzulehnen. Wie sollte sie denn feiern ohne Klaus? Danach war ihr gar nicht zumute. Aber Annette ließ nicht locker, und weil Klara sich zu schwach fühlte, den Unmut ihrer Freundin zu riskieren, sagte sie zu.

Das Fest begann mit launigen Ansprachen. Annettes Tante Ilse hatte ihr obligatorisches selbst gedichtetes Machwerk vorgetragen, das vor unfreiwilliger Komik strotzte. So hatte Klara sogar ein paar Mal lachen müssen. Als aber Annettes Mutter über den Segen der Liebe in schwierigen Lebenslagen sprach, war es um ihre Fassung geschehen. Sie verließ so schnell, wie es unauffällig möglich war, den Saal, zog sich auf die Toilette zurück und weinte so herzzerreißend, als würde sie nie wieder aufhören können.

Was war geschehen?

Annette stand seit Wochen unter Dauerstress, denn die leidvollen Gefühle sind für unser Gehirn erst einmal nichts anderes als Stress. Annettes Körper war also überflutet mit Cortisol, Adrenalin und Noradrenalin. Das hatte ihren Körper und ihre Seele erschöpft. Ihr war nach Rückzug und Trauern zumute, nicht nach Feiern.

Trauer braucht vor allem Zeit

Annettes Bedürfnis nach Alleinsein ist nachvollziehbar und der Trauer völlig angemessen. Angemessen bedeutet, dass man ihm eine bestimmte Zeit einräumen oder widmen sollte – in Abhängigkeit vom Anlass. Natürlich sind diese Zeiten individuell verschieden lang. Über den Tod eines Haustiers trauern die meisten Kinder nur wenige Tage; dass die Lieblingshose nicht mehr passt, ist schon nach Minuten vergessen. Bei Erwachsenen sieht das meist anders aus, denn ihre Gefühle sind weniger ablenkbar, weil das Stirnhirn aktiver ist als bei Kindern. Trotzdem gibt es auch für Erwachsene »angemessene« Trauerzeiten. Es ist sicher kein Zufall, dass gerade die Trauerzeit nach dem Tod eines nahen Menschen in verschiedenen Kulturen traditionell genau bemessen wird: sechs Wochen oder vierzig Tage für die engere Trauerzeit, dann ein »Trauerjahr«. Danach soll das Leben weitergehen – irgendwie.

In Annettes Fall hingegen ist es schwierig, die Trauer irgendwie zu begrenzen, da ihre Situation ja kein absehbares Ende hat. Mittelfristig wird sie sich entscheiden müssen, um der Liebe willen auch nach Malaysia zu gehen oder wegen ihrer Arbeit in Deutschland zu bleiben – mit allen Konsequenzen.

In der gegenwärtigen Phase aber hatte sie sich ganz in ihrem Unglück eingerichtet und abgekapselt. Sie war in eine emotionale und körperliche Abwärtsspirale geraten: Je mehr sie sich wegen der Trauer zurückzog, umso trauriger und antriebsloser wurde sie. Je weniger sie sich bewegte, umso schwächer und kränker fühlte sie sich und umso trauriger wurde sie. So steuerte sie direkt auf eine Depression zu.

Das Leiden unterbrechen

An dieser Stelle war es sehr wichtig für Klara, von ihrem Unglück für eine Weile Abstand zu nehmen. So war es gut und richtig für sie, dass sie Annettes Einladung angenommen hatte. Und zuerst schien ja auch alles gut zu gehen. Sie hatte sogar einige Male mitgelacht und sich entspannt. Aber gerade diese Entspannung öffnete plötzlich alle Schleusen und nun saß sie also in dem eleganten Badezimmer und weinte. Als Irrtum erwies sich allerdings die Angst, dass

PECH, UNGLÜCK UND TRAGÖDIEN

sie nie mehr würde aufhören können. Schon nach wenigen Minuten versiegten die Tränen. Ihr Gehirn hatte eine Dosis körpereigenes Beruhigungsmittel ausgesandt: Serotonin. Das ist eine segensreiche Erfindung der Natur, die es uns ermöglicht, auch im schlimmsten Unglück manchmal Ruhe zu finden. Wir können uns tatsächlich in den Schlaf weinen.

Es folgen Tipps und Übungen, mit deren Hilfe Sie Ihr Unglück, auch wenn es gerade nicht in den Griff zu bekommen ist, immerhin unterbrechen können. Da gibt es zuerst einmal die bekannten Mittel, die Sie jederzeit einsetzen können: Bewegung an der frischen Luft, ablenkende Aktionen von Rasenmähen bis Fußnägellackieren, Singen und so weiter. Manchmal brauchen Sie aber menschlichen Beistand. Scheuen Sie sich nicht, diesen zu suchen. Sie können ganz undramatisch darum bitten, zum Beispiel mit einem kleinen Brief an einzelne Freundinnen oder sogar mit einer Rundmail an mehrere Freunde und Bekannte.

TIPP HILFERUF PER E-MAIL

»Liebe Freunde, Verwandte und Nachbarn! Ihr wisst, dass ich mich gerade in einer unglücklichen Situation befinde, weil … Deshalb habe ich mich zurückgezogen und vielleicht ein bisschen zu tief vergraben. Von meinem Sofa wieder herunterzukommen ist gar nicht leicht! Dazu brauche ich ein wenig Hilfe: Bitte lockt mich aus dem Haus, nehmt mich mit zu Euren Unternehmungen; seien es auch welche, die mir im Augenblick schrecklich sinnlos vorkommen – wie Spazierengehen, Filmegucken und womöglich noch darüber reden … Zwingt mich zu so schrecklichen Dingen wie Kartenspielen oder Tanzen. Und lasst Euch auf den Machtkampf ein, denn ich verspreche Euch, viele Male Nein zu sagen und zu behaupten, ich hätte keine Zeit, sei krank oder sonstwie unabkömmlich. Für jeden, der diesen Kampf gewinnt, setze ich als Belohnung … aus. – Verheulte Grüße, Eure Klara«

> **TIPP** **BEWEGUNG HILFT**
>
> Passivität und Lethargie machen uns traurig, Bewegung hingegen lenkt ab, macht munter und fröhlich. Probieren Sie es gleich aus! Es kostet Sie nichts als ein klein wenig Überwindung. Also los: Seilspringen oder einfach abwechselnd auf einem Bein hüpfen, insgesamt mindestens 100-mal.

Hier folgt eine Übung, die etwas mehr Zeit in Anspruch nimmt, die also für ein einsames Wochenende geeignet ist, das Sie sonst zurückgezogen in der abgedunkelten Wohnung, versorgt mit vielen Papiertaschentüchern, auf Ihrem Sofa verbringen würden. Sie können die Aktion allein unternehmen oder mit einer Freundin oder einer ganzen Gruppe lieber Menschen. Die Freunde, die positiv auf Ihre Mail reagiert haben, freuen sich, wenn jetzt ein Vorschlag von Ihnen kommt.

Schatzsuche der besonderen Art

- Notfallübung für Einsteiger
- Erfordert etwas Zeit
- Richtet den Blick auf die Natur

Sie gehen spazieren. Das kann wenige Minuten dauern oder ein paar Stunden. Sie können auch in Ihrem Garten oder in einem Park auf- und abgehen. Es darf ruhig ein etwas längerer Spaziergang sein, damit der Körper gut durchblutet ist und das Gehirn allmählich aus seinem Gedankenkarussell aussteigen kann.

Entweder von Anfang an oder ab einem bestimmten Zeitpunkt wird aus dem Spaziergang ein »achtsames Gehen«. Wenn Sie zu mehreren sind, schweigen Sie ab jetzt. Lassen Sie Ihre Wahrnehmung zuerst zu Ihrer Atmung wandern. Diesen Teil der Übung

PECH, UNGLÜCK UND TRAGÖDIEN

kennen Sie bereits (siehe Seite 31): Sie atmen – nun aber bewusst – einfach weiter; vermutlich ein wenig tiefer als sonst, weil Ihr Körper wegen der Bewegung mehr Sauerstoff verbraucht. Sie spüren, wie der Atem durch die Nasenlöcher streicht, herein und hinaus. Nach einer Weile – zählen Sie acht bis zehn Atemzüge ab – erweitern Sie Ihre Aufmerksamkeit auf Ihren ganzen Körper.

Welche Körperteile und -regionen nehmen Sie zuerst wahr? Spüren Sie Ihr Herz klopfen? Ist irgendein Muskel verspannt? Wie gehen Sie? Wie fühlt sich der Boden unter Ihren Füßen an? Damit beginnt Ihre Wahrnehmung, Ihren Körper in Beziehung zur Umgebung zu erleben. Beginnen Sie, alle Ihre Sinne zu öffnen: Was sehen Sie? Mit welchen Farben und Formen umgibt die Natur Sie, mit welchen Geräuschen? Wenn Sie denselben Weg früher schon einmal gegangen sind, werden Sie Veränderungen wahrnehmen, die mit den Jahreszeiten zusammenhängen, etwa neue Gerüche. Was fühlen Sie auf Ihrer Haut, welche Temperatur, welche Luftbewegungen?

Dann verlässt die Aufmerksamkeit den Körper und Sie sind ganz auf Ihre Umgebung eingestellt. Nehmen Sie immer kleinere Details wahr: einen abgebrochenen Zweig; das eine Blatt daran, das sich ganz anders bewegt als alle anderen; die Adern eines Blattes, eine einzeln stehende Blume; einen Grashalm; ein Insekt; ein leeres Schneckenhaus; eine Bucheckernschale vom letzten Jahr …

Nehmen Sie einzelne Dinge in die Hand. Treffen Sie dabei Ihre Auswahl sorgfältig, betrachten und betasten Sie die Dinge eingehend und respektvoll und legen Sie sie möglichst genau an denselben Ort zurück. Das machen Sie eine ganze Weile, bis Sie schließlich das Gefühl haben, etwas in der Hand zu halten, das gern bei Ihnen bleiben möchte. Es »summt« Sie an. Summen bedeutet hier: Es »schreit« nicht aufdringlich wie eine Verlockung im Supermarkt, sondern es sendet einen leisen Reiz in Ihre Richtung

Das Leiden unterbrechen

aus. Wenn Sie ein solchen Gegenstand gefunden haben, nehmen Sie ihn an sich und machen sich auf den Heimweg.

Zu Hause legen Sie das Fundstück auf einen besonderen Platz, vielleicht auf eine Serviette oder ein Tablett. Vielleicht stellen Sie eine brennende Kerze dazu. Bleiben Sie mit Ihrer ganzen Achtsamkeit bei dem mitgebrachten Gegenstand. Dann zeichnen oder malen Sie ihn auf ein Blatt Papier. Dabei werden Sie immer neue Details entdecken und es kann ein innerer Dialog beginnen: »Was willst du mir sagen, welche Botschaft hast du für mich, du abgefallener grüner Apfel, stachelige Kastanienschale, trockener Zweig?« Schreiben Sie Ihre Fantasien dazu rund um das gemalte Abbild. Wenn Sie keine weiteren Antworten bekommen oder keine Zeit mehr haben oder ungeduldig werden, bedanken Sie sich.

Tragen Sie den Gegenstand an die Stelle zurück, an der Sie ihn aufgelesen haben. Ist diese zu weit entfernt, suchen Sie ihm einen anderen Platz in der Natur aus. Aber es ist wichtig, dass Sie Ihre Schätze zurücktragen und nicht einfach in den Müll werfen, wenn Sie sie nicht mehr brauchen. Das ist ein Zeichen von Achtsamkeit (siehe ab Seite 60).

Am Ende der Übung kleben Sie Ihr Kunstwerk in Ihr Freudetagebuch (siehe Tipp unten) oder legen es in eine Schatzkiste.

TIPP FÜHREN SIE EIN FREUDETAGEBUCH

Besorgen Sie sich ein besonders schönes Heft oder Notizbuch nur für diesen Zweck. Schaffen Sie sich jeden Tag zu einer festen Zeit (zum Beispiel zwischen dem Zähneputzen und dem Schlafengehen) eine gemütliche Situation: Kerze und Kräutertee, Stille. Nun gehen Sie den vergangenen Tag in Gedanken durch und erinnern sich an möglichst viele schöne Augenblicke. Schreiben Sie sie liebevoll und wertschätzend auf. Je länger Sie mit dem Tagebuch arbeiten, umso mehr üben Sie Ihre Glückswahrnehmung.

Die nächste Übung ist hilfreich, wenn Sie einen unbestimmten Drang verspüren, etwas Kreatives zu tun, aber noch keine Idee haben, was das konkret sein könnte. In dieser Übung entsteht ebenfalls ein Bild, das Sie sich wahrscheinlich sogar an die Wand werden hängen wollen.

Die Glücksspirale

○ Notfallübung
○ Weckt die Kreativität
○ Vernetzt Sie mit Orientierungspunkten

Sie brauchen ein großes Blatt Papier oder ein zusammengeklebtes aus kleineren Bögen, einen freien Tisch und einige dicke bunte Stifte oder Wasserfarben.

Malen Sie eine Spirale – von innen nach außen. Fangen Sie mit einem dunklen Mittelpunkt im Inneren an, dann ziehen Sie, am Anfang ganz klein und fein, die Linie Runde um Runde nach außen. Wechseln Sie immer wieder die Farbe. Der Umfang wird immer größer, die Farben werden immer leuchtender.

Denken Sie sich aus, welche Stelle mit welcher Farbe und wie weit entfernt vom dunklen Zentrum Ihres derzeitigen Unglücks welche Bedeutung hat: Da, wo der schwarze Strich ins Graue übergeht, sind meine Nachbarn, blau ist meine Wohnung, das helle Grün die schon gebuchte Reise, das kräftige Blau meine Arbeit, die ich liebe, das Rosa meine Freundinnen ... Wenn Sie mögen, schreiben Sie diese Bedeutungen dazu.

Hängen Sie dieses Bild an einer prominenten Stelle auf, wenn möglich in einem schönen Rahmen. Sie erkennen: Mein Herz ist gerade ein schwarzer Punkt, aber um mich herum ist es hell und bunt, es gibt viele schöne Dinge in meinem Leben.

Wie die Geschichte ausging

Klara schloss die Toilettentür auf. Glücklicherweise war der Waschraum gerade menschenleer. Sie fühlte sich ruhiger, wollte aber jetzt nach Hause gehen. Ihre Pflicht Annette gegenüber hatte sie ja erfüllt. Also nur noch kurz das Gesicht waschen, dann wollte sie unauffällig verschwinden.

Ängstlich warf sie einen Blick in den Spiegel – und dann gleich noch einen: Sie erkannte nicht sofort, was sie da sah. Jedenfalls hatte ihre Wimperntusche das Versprechen, wasserfest zu sein, nicht gehalten. Aber sie war ihr nicht über das Gesicht gelaufen, sondern hatte sich mit schöner Gleichmäßigkeit rund um ihre Augen verteilt. Der Anblick war irgendwie perfekt: Klaras dunkle Augenhöhlen, ihr im Neonlicht trotz des Weinens bleich schimmerndes rundliches Gesicht unter ihren kurzen dunklen Haaren. Klara sah einen Großen Panda! Einen Panda in einem weit ausgeschnittenen, weinroten Kleid.

Es gab etwas wie einen Ruck oder Hüpfer in ihr und sie lachte, laut und frei. Und als zwei andere Damen den Toilettenvorraum betraten, lachten sie gleich mit; weshalb genau, war unwichtig. Es dauerte einige Minuten, bis Klara in der Lage war, aus dem Panda wieder ein passables Bild ihrer selbst zu machen.

Dann entschied sie sich endgültig, ihrem Unglück heute seinen freien Tag zu geben und doch noch ihren Kulturbeitrag zu Annettes Fest zu leisten. Sie sang Friedrich Hollaenders wunderbares Couplet von der zersägten Dame und erntete rauschenden Beifall. Dieser Tag war gerettet. Immerhin.

Wer lachen kann, dort wo er hätte heulen können, bekommt wieder Lust zum Leben.

Werner Finck (1902–1978)

HAARE, KEINE HAARE,
»SCHÖNES HAARE«

Wie wir uns im Unglück selbst noch unglücklicher machen

Dass einem die Haare ausfallen, ist eine grausame Nebenwirkung der Chemotherapie, fand ich. Das war es auch später noch, nach dem Radikalschnitt. Jeden Morgen hatte ich Stoppeln auf dem Kissen, als wenn einem Cowboy der Dreitagebart ausgefallen wäre. Jeden Morgen bezog ich mein Kissen neu.

Lange Haare ausfallen zu sehen fand ich besonders grausam und entschied mich deshalb früh fürs Abschneiden. Also nahm ich an einem Freitag meine sorgfältig ausgewählte Perücke in einer Tasche mit, um mich noch vor der ersten Therapiestunde kahl rasieren zu lassen. Ich hatte mir eine tragische Szene ausgemalt: Ich wollte der jungen, unschuldigen Friseurin mit der schrillen Frisur sagen, sie möge mir die Haare ganz abschneiden, und dass es sein könnte, dass ich dabei weinen würde. Ob sie sich das zutraue, wollte ich sie fragen und sah ihr im Geiste auch schon Tränen in die Augen treten. Aber der Friseur hatte geschlossen und an der Ladentür stand: »Geänderte Öffnungszeiten«.

Ich musste meinen Auftritt deshalb wohl oder übel verschieben. Also machte ich erst einmal bis 12 Uhr Therapiestunden mit der alten, erst ganz leicht gelichteten Frisur.

Was war geschehen?

Natürlich ist eine Krebserkrankung ein echtes Unglück, und aller damit verbundener Kummer hat einen gewissen Anspruch auf einen Platz in unserem Leben. Ich musste nicht jederzeit tapfer sein; meine Freundinnen und mein Mann sahen mich auch in den Zeiten meiner größten Schwäche. Ich selbst nahm mir Zeit für mich, blieb viel allein, lag auf dem Sofa und beruhigte mich mit interessanten Büchern und entspannender Musik.

Wenn es ganz schlimm war, sang ich ein Mantra, das mir eine Freundin auf einer CD mitgebracht hatte. Es heißt »Sri Mrityunjaya Mantra«. Lange Zeit hielt sich im Internet das Gerücht, dass der Dalai Lama persönlich dieses *Healing Mantra* sänge. Heute steht im Web, dass die Stimme einem gewissen Hein Braat gehöre. Damals glaubte ich aber den Dalai Lama zu hören, was wahrscheinlich zur Wirksamkeit des Mantras beigetragen hat. Außerdem habe ich auch den Text in Sanskrit auswendig gelernt, um ihn allein singen zu können – im Sinne der Selbstwirksamkeit (siehe Seite 34).

Ich bin also durchaus in der Lage, liebevoll und einfühlsam mit mir selbst umzugehen und geeignete Rituale für mein Unglück zu finden. Das konnte ich sogar schon, bevor ich Psychologin wurde. Den meisten von Ihnen wird es auch gelingen. Erinnern Sie sich an die späte Pubertät, wo es für jedes Gefühl von Trauer und Welt-schmerz die passende Musik gab? Bei mir waren es die Songs von Leonard Cohen. Keiner konnte so eindrucksvoll melancholisch singen wie er. Haben Sie auch stundenlang mit einer Freundin tele-foniert? Knüpfen Sie an die alten Trostrituale an. Das meiste wird noch heute funktionieren; das Gehirn erinnert sich gern.

PECH, UNGLÜCK UND TRAGÖDIEN

> **Man kann sein Schicksal weder voraussehen noch ihm entgehen; doch man kann es annehmen.**
>
> Christine von Schweden (1626–1689)

An jenem Freitag aber war etwas anders. Ich dachte gar nicht über einen Trost nach, ja, es schien keinen zu geben. Ich war in eine alte Verhaltensweise zurückgefallen: meinen Hang zum Dramatisieren – vielleicht in der unbewussten alten Hoffnung: Je größer das Leiden ist, umso interessanter bin ich und umso mehr Zuwendung werde ich bekommen (siehe ab Seite 15). Und so hatte ich verwechselt, was wir oft in solchen Lagen verwechseln: liebevolles Mitgefühl mit uns selbst und Selbstmitleid.

Vom Umgang mit Schicksalsschlägen

Natürlich müssen Sie in einer Situation, die von Trauer und Schmerz überschattet ist, nicht sagen: »Es ist alles in Ordnung.« Denn das wäre ja gelogen. Sie können in einer Krise aber sagen: »Ich habe es gerade sehr schwer, ich fühle mich sehr unglücklich, weil …« Es ist nicht nur erlaubt, sondern auch notwendig, Verständnis für sich selbst zu haben.

Nur mit Verständnis für sich selbst können Sie zu dem Gefühl finden: »Ich werde es schon schaffen.« Es gibt wirkliches Unglück im Leben: eine schwere Krankheit, jemand trennt sich von uns, wir verlieren unsere Arbeit oder sogar einen geliebten Menschen … In einem einzelnen Kapitel dieses Buches können nicht alle Möglichkeiten beschrieben werden, mit deren Hilfe Sie das wirklich Schwere bewältigen können. Ich will aber nicht unterschlagen, dass es neben allen Unglücksfantasien natürlich auch das echte, tatsächliche, in der äußeren Welt geschehende Unglück gibt.

In jedem Unglück – und umso mehr, je schwerer und länger es dauert – scheint mir das Wichtigste zu sein, dass wir unserer Frustration, unserem Schmerz, unserer Angst Ausdruck verleihen. Diese Gefühle müssen einfach hinaus in die Welt zu den Mitmenschen. Gefühle wollen gefühlt und zur Kenntnis genommen, benannt und angemessen ausgedrückt werden. Angemessen bedeutet, dass wir selbstverständlich – so weit es eben geht – auf die Situation achten, in der wir uns befinden. Also werden wir einen ungerechten Chef nicht mit bösen Wörtern beschimpfen. Er hätte es vielleicht »verdient«, aber die Aktion würde letztlich uns selbst schaden, also der Person, die wir schützen wollen. Unserer besten Freundin gegenüber dürfen wir aber ohne weiteres auch mit den kräftigsten Ausdrücken deutlich machen, was wir von diesem Kerl halten – jedenfalls fürs Erste.

Jammern und Wehklagen

○ Notfallübung
○ Befreit von akutem Schmerz
○ Löst Angst und Verspannung

Wenn Sie gerade ganz traurig, schmerzerfüllt und ängstlich sind, finden Sie einen Ausdruck dafür: Schreien, weinen, zetern Sie, zerschlagen Sie Geschirr ... Sie dürfen reden wie ein Wasserfall, auch immer wieder das Gleiche, Sie dürfen Töne jeder Art ausstoßen. Tun Sie spontan, was auch immer Ihnen Erleichterndes einfällt. Am wirkungsvollsten ist diese Übung, wenn Sie jemanden dabeihaben als Zeugen Ihres Elends. Möglich ist auch, dass Sie einer imaginären Gestalt Ihr Unglück erzählen. Richten Sie sich für Ihre Klage an einem ganz geschützten Ort ein. Es darf auch ein Wald sein oder ein Strand.

PECH, UNGLÜCK UND TRAGÖDIEN

Am Anfang wird es sich vielleicht ein wenig künstlich anfühlen, etwa so, als stünden Sie auf der Bühne. Das ist völlig in Ordnung. Wir sind es eben nicht gewohnt, unseren Gefühlen laut Ausdruck zu verleihen, außer es handelt sich um einen spontanen Ausbruch von Wut und Ärger und der ist oft alles andere als »angemessen«. Vielleicht haben Sie schon einmal gehört, dass es im alten Ägypten sogenannte Klageweiber gab, die das laute Weinen schon damals für jene übernahmen, die solche Emotionen nicht für adäquat hielten. Spielen Sie Ihr Klageweib in eigener Mission, wenn Angst, Leid und Kummer über Ihnen zusammenschlagen!

In der Regel spüren Sie nach einer Weile, dass Sie sich beruhigen, denn das Gehirn schüttet ein körpereigenes Beruhigungsmittel aus: die Gamma-Aminobuttersäure (GABA). Das tut unter anderem die Amygdala, die in dieser Hinsicht einmal wirklich gut für Sie sorgt. Dabei ist sie in Wirklichkeit eigennützig: Sie will, dass Sie mit Ihrer Aufmerksamkeit bald wieder beim drohenden Angriff des Säbelzahntigers sind …

Manchmal sagen mir Patienten: »Wenn ich anfange zu weinen, kann ich gar nicht wieder aufhören.« Haben Sie auch Angst, dass Sie aus Ihrer Klage gar nicht wieder herauskommen, greifen Sie zu einem Trick: Stellen Sie einfach einen Wecker, der in etwa einer halben Stunde klingelt. Falls Sie bis dahin nicht von selbst aufgehört haben, atmen Sie dann ein paar Mal tief durch und kommen mit Ihrer Aufmerksamkeit ins Hier und Jetzt zurück.

Anschließend waschen Sie sich mit kaltem Wasser das Gesicht, trinken einen Tee und unternehmen einen Spaziergang – oder machen die nächste Übung.

Durch das Weinen fließt die Traurigkeit aus der Seele heraus. Thomas von Aquin (um 1225–1274)

Das emotional befreiende Wehklagen versetzt Sie in die Lage, die nächste Übung mit etwas Ruhe und Fassung anzugehen. In dieser Übung geht es darum, sich möglichst in Ruhe anzusehen, wie die reale Situation ist und was Sie brauchen, das Ihnen helfen könnte. Sie führt aus diffusem Unglück zu hilfreicher Klarheit.

Bestandsaufnahme 1

- Einsteigerübung
- Klärt die Lage
- Bringt Erleichterung in die Gedanken

Schreiben Sie in eine Spalte, was Sie quält, und in eine zweite, was Sie sich wünschen – alles völlig unzensiert. Wichtig ist, dass Sie Ihrem Gefühl und Ihrer Fantasie keinerlei Grenzen setzen:

Was mich quält	Was mich retten würde
Ich habe eine lebensgefährliche Krankheit.	Morgen wird ein Spray erfunden; das atme ich ein, dann bin ich gesund.
Mein Liebster betrügt mich mit einer anderen.	Er merkt, dass ich viel besser für ihn bin, und kommt sofort zurück.
Ich habe meinen Arbeitsplatz verloren.	Mein Chef fällt tot um und der Nachfolger bittet mich flehentlich, in die Firma zurückzukommen.
Ich hatte eine ganz furchtbare Kindheit, wirklich die schrecklichste von allen.	Ich lerne meine eigentlichen Eltern kennen. Sie sind die besten Menschen der Welt. Sie freuen sich, mich endlich bei sich zu haben.
...	...

Die Fantasie, statt der realen Eltern ihre idealen »eigentlichen« Eltern zu finden, kennen viele Menschen. Sigmund Freud hat schon 1909 einen netten Aufsatz darüber geschrieben, den er »Der Familienroman des Neurotikers« betitelte.

PECH, UNGLÜCK UND TRAGÖDIEN

Setzen Sie die vorige Übung fort und arbeiten Sie jetzt an einer realen Erleichterung Ihrer Situation.

Bestandsaufnahme 2

○ Einsteigerübung
○ Klärung der Möglichkeiten
○ Reale Hilfe

Eine neue Liste. Diesmal dürfen Sie Ihre Fantasie zügeln. Schreiben Sie so realistisch und detailliert wie möglich. Diese Liste hat drei Spalten. Achten Sie genau auf die Überschriften.

Wie ich mich fühle mit meinem Problem	Was ich brauche, damit es mir besser geht	Was oder wer mir helfen kann
Ich fühle ich mich schrecklich allein.	Ich möchte jemanden bei mir haben.	Ich bitte Karin zu mir zu kommen.
Ich fühle mich schrecklich dumm und wertlos.	Ich brauche jemanden, der mich aufbaut.	Ich mache eine Therapie.
...	...	...

Ein Mantra singen

○ Notfallübung
○ Wird durch häufiges Üben immer wirksamer
○ Sorgt für Beruhigung

Die Idee, mitten im bittersten Elend zu singen, kommt Ihnen vielleicht bizarr vor, aber es hilft tatsächlich. Singen hat uns schon beruhigt, als unsere Mutter es tat, wenn wir abends im Bett lagen und nicht schlafen konnten. Es gibt nicht zufällig sehr viele Wiegenlieder in allen Kulturen. Das Singen wird auch im Kindergarten und in der Schule eingesetzt, wenn die Gruppe unruhig wird und die Aufmerksamkeit nachlässt.

Das Singen aktiviert Ihr Dopamin-Belohnungssystem und lindert Angstzustände spürbar – nicht nur im Wald oder im dunklen Keller. Besonders eignen sich Mantren dafür. Ein Mantra besteht aus einem kurzen Text oder auch aus sinnlosen, aber festgelegten Silben. Das berühmteste Mantra ist wohl »Om mani padme hum«, das im tibetischen Buddhismus eine große Rolle spielt. Sogar Laien kennen seinen Text. Es gibt mehrere Deutungen. Eine ungefähre Übersetzung lautet: »Sei gegrüßt, Juwelenlotus.« Aber die inhaltliche Bedeutung spielt für die beruhigende Wirkung wirklich keine Rolle; eher schon die Schwingungen der Stimme, die den Brustkorb angenehm beruhigend vibrieren lassen.

Beispiele für weitere Mantren:
- Om Tare tuttare ture soha. (Tara ist die Mutter aller Buddhas.)
- Jesus, sei bei mir!
- Lieber Gott, ich weiß, du siehst mich.

Auch »Alpha, Beta, Gamma, Delta« wäre eine Möglichkeit oder eine andere bestimmte Abfolge von Silben. Wichtig ist vor allem die Wiederholung: Mindestens 108-mal hintereinander sollten Sie Ihr Beruhigungsmantra jedes Mal singen.

»Richtig« zu singen ist nicht wichtig, aber hörbar muss es sein. Fangen Sie vielleicht mit einem Summen an. Singen Sie dann den Text. Der sprachliche Aspekt spielt eine Rolle, denn der Text fordert Ihre Konzentration. Gesteigert wird die Wirkung durch das monotone Wiederholen. Finden Sie Ihr Lieblingsmantra und singen Sie es immer wieder vor sich hin. Legen Sie sich also ein persönliches Mantra zu, das zu Ihnen passt und nun Ihre »Zauberformel« ist.

PECH, UNGLÜCK UND TRAGÖDIEN

Nach einigem Üben hilft Ihnen Ihr Mantra übrigens auch dann, wenn Sie es nur innerlich singen, denn die Wirkung verselbstständigt sich irgendwann, weil das Gehirn die Silben mit dem Signal verkoppelt: »Es ist keine ernste Gefahr in Sicht. Du darfst zur Ruhe kommen.«

Wie die Geschichte ausging

Um 13:15 Uhr habe ich einen Termin bei meiner Frauenärztin. Vorher wollte ich noch einen Salat essen gehen. Also gab es nicht viel Zeit für ein Drama.

Es gibt ein Dutzend Friseure in erreichbarer Nähe. Ich wähle den allernächsten. Der Salon ist ganz leer. »Bitte die Haare ganz abschneiden.« – Drei erstaunte orientalische Augenpaare mittleren Alters. – »Ganz kurz?« – »Nein, ganz ab!« – »Vier Zentimeter? Sieht gut aus.« – »Nein, wirklich ganz ab, alles weg.« – »Vier Millimeter, kürzer geht nicht mit Maschine.«

Also okay. Ich bin in Eile, weil ich ohne Mittagessen schlechte Laune bekomme. Haare ab, Perücke auf. »Schönes Frisur, wie viel kostet?« Ich verrate, wie teuer die Perücke war, bezahle und gehe zu meinem Mittagstisch. Vorher hatten mich die Damen noch gemeinsam getröstet: »Kommt wieder, viel mehr schönes Haare wie vorher.« Das wäre allerdings ein echter Gewinn, weil meine Haare doch immer so dünn und zipfelig waren.

Meine Haare sind übrigens wieder gewachsen: Sie sind jetzt ganz genau so wie vorher, fein, leicht wellig und grau, mit vielen andersfarbigen Strähnen. Sie sind so schön, wie sie schon immer waren. Ich habe es früher nur nicht bemerkt.

Fünf Jahre nach dieser Geschichte habe ich meine Perücke ganz pietätlos in den Müll geworfen – und mich dabei sehr stark und gesund gefühlt. Und ich bin wirklich dankbar, neuerdings auch für meine »schönes Haare«.

VOM ÄRGERNIS RUCK, ZUCK ZUM PROBLEM

Aufgrund von vergangenem Unglück machen wir uns das Leben in der Gegenwart schwer. Die negativen Erfahrungen hegen und hüten wir wie einen Schatz, weil sie uns geprägt haben. Aber die alten Tragödien belasten uns, machen uns unglücklich und kehren als Wut oder Ärger verkleidet zurück.

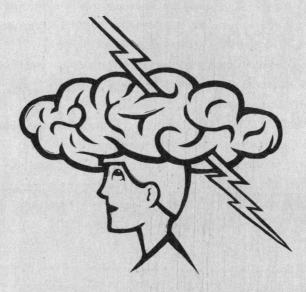

BALLAST IM KOPFKINO:
LAUTER ALTE FILME

Das Unglück von früher hält uns fest –
wenn wir es zulassen

Diese Geschichte habe ich von einer früheren Patientin, die ich sehr mochte. Henrietta war eine hübsche und kluge junge Frau. Auffallend waren ihre Kreativität und ihr Mut. Sie wagte es zum Beispiel, im März allein durch Schottland zu wandern. Ihr größtes Problem war wohl, dass sie ihre eigenen Stärken und Fähigkeiten nicht wirklich wahrnehmen konnte. Von ihr hörte ich eine Reihe von Geschichten und die folgende passt gut hierher.

Henrietta war noch sehr jung, da machte sie eine erste große Reise nach Südamerika. Mühsam hatte sie sich das Geld für einen Flug zusammengespart. Im Zielland wollte sie gegen Kost und Logis in einem Projekt für Straßenkinder arbeiten. Sie hatte Berichte über dieses Projekt gelesen und angefangen, die Landessprache zu lernen. Henrietta war ganz beseelt von ihrem Plan. In ihrer Vorfreude hatte sie mit Feuereifer eine ganze Menge Sachspenden gesammelt: Spielzeug und Bekleidung. Dafür hatte sie einige Veranstaltungen organisiert.

Hochfliegende Pläne und Bodenpersonal

Nun stand Henrietta am Schalter der Fluggesellschaft, um einzuchecken. Das war aber nicht ohne Weiteres möglich, denn ihr Gepäck wog dreißig Kilogramm zu viel – so fleißig hatte sie gesammelt. »Zu viel«, sagte die freundliche Dame am Schalter, »das kostet einiges extra. Wollen Sie nicht etwas davon hier lassen?« Mehr bezahlen konnte Henrietta auf keinen Fall; das hätte sie ihre knappe Reisekasse gekostet. Aber Dinge zurückzulassen hätte sie ganz unglücklich gemacht, denn sie hatte so lange an ihrer Sammlung gearbeitet und fieberte der Freude der Menschen entgegen, die sie beglücken wollte. Hilflos stand sie vor der Angestellten der Fluggesellschaft. Hinter ihr begann schon ungeduldiges Gemurmel und – Gipfel allen Unglücks – Henrietta brach in Tränen aus. Ihre Freude und ihr Stolz brachen zusammen.

Auch während sie mir diese Geschichte erzählte, kamen ihr wieder die Tränen. »Und wie ging es dann weiter?«, fragte ich ungerührt – wir waren schon fast am Ende ihrer Therapie angelangt. Sie sah mich verblüfft an.

Am Ende: alles gut ausgegangen

Wie Sie schon ahnen, wenn Sie schon einige meiner Geschichten gelesen haben, wird auch Henriettas Geschichte ein gutes Ende nehmen. Ganz sicher können wir behaupten, dass alle, auch die schrecklichsten Geschichten in unserem Leben, ein gutes Ende genommen haben. Denn sonst wären Sie heute nicht dort, wo Sie sind; vielleicht würden Sie nicht einmal mehr leben. Sie hätten kein Essen und kein Dach über dem Kopf, keine Freunde und keinen Lieblingswitz, wenn alles so schlimm ausgegangen wäre, wie wir die Geschichte unseres Lebens gern darstellen. Ich weiß, wovon ich rede, weil ich lange Zeit davon überzeugt war, den Pokal für die schrecklichste Kindheit verdient zu haben. Habe ich aber nicht, weil alle meine Geschichten gut ausgegangen sind: Ich bin Psychotherapeutin, führe eine glückliche Ehe, habe zwei wunderbare Söhne, gute Freunde und mache viele Reisen. Alles ist gut ausgegangen! Der Säbelzahntiger hat uns nicht gefressen – und auch keinen unserer Vorfahren!

Was war geschehen?

Henriettas Geschichte ist so exemplarisch für unser Thema, dass wir sie genauer ansehen müssen. Fast alle Menschen, die eine Therapie beginnen, kommen aus dem gleichen Grund: Sie leiden – ich meine das nicht ironisch – an ihrer schrecklichen Vergangenheit. Sollten Sie jetzt fragen, warum man sonst eine Therapie machen sollte, wenn nicht wegen seiner unglücklichen Kindheit, sitzen Sie schon in der Falle: Ihr Gehirn betrachtet immer wieder die vergangenen schrecklichen Bilder. Jedes erneute Betrachten der Bilder beschwört die alten Gefühle wieder herauf: Trauer, Wut, Scham, Verlassenheit. Was in der Gegenwart in der äußeren Realität los ist, wird hingegen ausgeblendet. Das Schreckliche passiert wieder und wieder. Diese zwanghafte Wiederholung stellt eine Retraumatisierung dar, die Wiederholung eines Traumas, die Sie sich aber *selbst* antun.

Wir traumatisieren uns selbst

Ich höre Sie sagen: »Aber wenn es doch wirklich schrecklich war?« Das glaube ich Ihnen wie jedem, der von seiner Kindheit erzählt. Es *war* schrecklich! Damit haben Sie das Zauberwort schon ausgesprochen: »Es *war*.« Es war – das bedeutet: Es ist jetzt vorbei und Sie haben es überlebt! Stärken Sie diesen Gedanken! Natürlich können Sie mit Bedauern an das Kind denken, das Sie einmal waren, und daran, wie traurig dieses Kind war. Aber tun Sie das bloß nicht zu oft, denn das stärkt nur die Amygdala, das Angstzentrum des Gehirns, den Miesmacher. Es ist hilfreicher, das linke Stirnhirn zu stärken, denn dort werden die positiven Emotionen verarbeitet und gespeichert, während die negativen das rechte Stirnhirn bevölkern.

Beide Teile stehen natürlich in enger Verbindung. Sie »reden« miteinander, ja, man könnte fast sagen, dass sie einander bekämpfen. So entstehen innere Dialoge, die etwa so klingen:

Links: »Das war aber ein schöner Tag heute!«
Rechts: »Na ja, wenn es nicht so geregnet hätte.«
Links: »Die Ausstellung war wunderbar, im Museum hat es nicht geregnet und der Kuchen im Museumscafé war sehr gut.«
Rechts: »Aber sauteuer. Und die Ausstellung war viel zu voll, ich konnte mir nichts in Ruhe ansehen.«

Wenn wir Rechts das letzte Wort lassen, werden wir das Ereignis nicht so schön in Erinnerung behalten, wie wir es erlebt haben, und die schlimmen Erlebnisse werden immer schlimmer.

Lassen Sie die Wunden der Seele heilen

Sollen wir denn einfach so tun, als ob gar nichts gewesen wäre? Uns etwa ablenken? Sozusagen ein Pflaster draufkleben? So höre ich Sie etwas empört fragen. Die Antwort auf all diese Fragen ist: »Ja!« Das mag Sie überraschen. Sie fragen sich vielleicht, ob ich wirklich Psychotherapeutin bin. Aber denken Sie einmal daran, wie Sie mit einer körperlichen Wunde umgehen: Diese wird gesäubert und verbunden. Wenn Sie Schmerzen haben, bekommen Sie ein Medikament, die Wunde wird regelmäßig versorgt, bis sie verheilt ist. Sie würden wohl kaum darauf bestehen, den Verband immer wieder von der Wunde zu nehmen, um sich oder anderen zu beweisen, dass Sie wirklich verletzt sind. Sie tun alles, damit sie heilt, und für jede wirksame Ablenkung sind Sie dankbar. Mit unseren seelischen Wunden glauben wir anders umgehen zu müssen, so als leugneten wir unser Leid, wenn wir nicht die Erinnerung daran wachhalten. Wir müssen immer wieder daran denken und davon erzählen. So geht es uns oft endlos durch den Kopf und das Gefühl wird immer schwärzer.

Raus aus dem Teufelskreis!

Was also können wir tun, um aus dieser fatalen Endlosschleife auszubrechen? Nur Menschen, die viel meditieren, gelingt es für ein paar Minuten, die Gedanken zum Schweigen zu bringen – nach Jahren des Lernens. Aber mit ein bisschen Übung bestimmen wir selbst, woran wir denken, und lösen damit positive Gefühle aus. Damit stärken wir das linke Stirnhirn. Es wird jedes Mal aktiviert, wenn wir etwas tun, das uns Spaß macht und Endorphine freisetzt: singen, laufen, lachen … Wenn das gerade nicht geht (geht es wirklich nicht?), können Sie wenigstens an etwas Positives denken, an etwas aus der Vergangenheit oder etwas, das noch vor Ihnen liegt. Denken Sie an etwas Schönes, bewirken Sie exakt das Gegenteil der Retraumatisierung durch schlimme Erinnerungen: Sie stärken Ihre Lebensfreude! Und die Wiederholung nutzt das Bild keineswegs ab, sondern es wird immer lebendiger, detaillierter und damit wirksamer.

Unser linkes Stirnhirn wirkt wie ein Dämpfer oder Ausschalter für die Erregung der überaktiven Amygdala. Es wirkt umso stärker, je öfter wir uns den »selbst gemachten« guten Gefühlen hingeben. Unser Gehirn ist äußerst wandlungsfähig und gewöhnt sich sogar an Freude. Weil dabei Dopamin und Serotonin ausgeschüttet werden, entsteht Lust auf weitere Veränderungen. Das Serotonin wirkt ausgleichend, dämpft Angst und Sorgen und führt zu mehr Gelassenheit. Die folgenden Übungen fördern diesen Prozess.

Happy End

- Am wirksamsten, wenn häufig wiederholt
- Erweitert den Horizont
- Braucht etwas Zeit

Lernen Sie, bei allen Geschichten Ihres Lebens den späteren guten Ausgang zu erkennen. Am meisten Spaß macht es, wenn Sie das gemeinsam mit Freundinnen üben.

Beispiel: »Meine fürchterlichste Trennung«. So eine tragische Liebesgeschichte endet normalerweise etwa mit den Worten: »Ich dachte, das würde ich nicht überleben.« Auch das dabei reaktivierte Gefühl ist natürlich entsprechend katastrophal. Andere solche Endzeitsätze sind: »Ich wollte vor Scham in den Boden versinken.« Oder: »Ich hatte keine Idee, wie es weitergehen sollte.« Finden Sie Alternativen dazu!

Die Geschichte eines Unglücks und ihr angebliches Ende	Das gute Ende der Geschichte, wenn man sie ganz erzählt
Meine schrecklichste Trennung, ich konnte nicht mehr arbeiten, nichts mehr essen und glaubte, mein Leben wäre zu Ende.	Weil ich so lange keinen Appetit mehr hatte, habe ich endlich mal mein Traumgewicht erreicht, nur ganz wenig wieder zugenommen und nach nur einem Jahr Peter kennengelernt. Und plötzlich war ich froh, dass Josef Schluss gemacht hat. Allein hätte ich das wohl nicht so schnell geschafft, obwohl ich in der Beziehung mit ihm oft sehr gelitten habe.
...	...

Blicken Sie immer wieder aus der Zukunft auf Ihre momentane Problemlage zurück und stellen Sie sich vor, auf welchen möglicherweise verschlungenen Wegen Sie schließlich aus der Krise herausgekommen sein werden.

Wo ist das gute Ende?

Betrachten Sie Ihre eigenen Geschichten immer sozusagen durch das Weitwinkelobjektiv, damit Sie auch das eigentliche Ende, den guten Ausgang ins Bild bekommen. Der enge Tele-Blick nur auf den angstbesetzten, bösen Vorfall im Zentrum der Aufmerksamkeit zeigt einen zu kleinen Ausschnitt.

Wenn Sie eine Geschichte von sich erzählen, sollten Sie Ihren Zuhörern niemals das gute Ende vorenthalten. Und auch wenn eine Freundin Ihnen eine unangenehme Geschichte erzählt, die Sie erlebt hat, fragen Sie – natürlich nachdem Sie Ihr Mitgefühl angemessen ausgedrückt haben: »Und wie ist es dann weitergegangen?« Schließlich ist Ihre Freundin jetzt bei Ihnen und erzählt Ihnen die Geschichte. Also ist sie irgendwie heil aus der Situation herausgekommen.

Das Gedankenkarussell stoppen

- Notfallübung
- Erfordert nichts als etwas Disziplin
- Führt auf gesicherten Boden zurück

Es fällt uns schwer, von den immer gleichen negativen Gedanken abzulassen und sie nicht mehr zu denken. Am einfachsten ist es, das Gedankenkarussell abrupt zu stoppen, indem Sie laut und deutlich »Stopp!« sagen und sich zwingen in die Gegenwart zurückzukehren: »Heute ist Donnerstag, der 22. Mai, es ist 15:30 Uhr und ich sauge Staub in meinem Wohnzimmer.« Lapidar, schnörkellos, unwiderlegbar. Das können Sie beliebig oft wiederholen und reihenweise durch Ihnen auswendig bekannte Zahlen, unumstößliche Fakten und Daten aus der Gegenwart erweitern. So entsteht etwas Ähnliches wie ein Mantra.

Fast alles hat eine gute Seite!

Meine Freundin Eva hat vier Kinder, ein Haus, ein Pferd, einen Hund und eine therapeutische Praxis. Zu den Schlafstörungen, die uns beide in den Wechseljahren manchmal befallen, sagt sie: »Weißt du, mein Leben ist so voll und aufregend und ich arbeite so viel und bin nie allein. Wenn ich manchmal nicht schlafen kann, genieße ich die Ruhe und die Zeit mit mir allein.«

Positiv umdeuten

- Übung für Könner
- **Am wirksamsten, wenn häufig wiederholt**
- **Bringt eine neue Perspektive**

Sie müssen es nicht übertreiben wie die Anhänger der Methode des positiven Denkens. Es ist natürlich nicht alles gut! *Shit happens!* Aber inzwischen wissen Sie, dass die meisten Dinge in der Realität bei Weitem nicht so schlimm sind, wie sie sich unser Gefühl gern ausmalt. Wir schieben den Geschehnissen gewohnheitsmäßig eine negative Bedeutung unter.

Dinge, Menschen, Situationen, die belasten, ärgern oder verunsichern	Umdeutung: Was die positive Bedeutung davon sein kann
Patienten, denen ich nicht helfen kann, zeigen mir meine Machtlosigkeit und Unvollkommenheit.	Sie weisen mich darauf hin, dass ich weder allmächtig noch für alles Unglück der Welt verantwortlich bin.
Der Nachbar schimpft schon wieder, nur weil ein Besucher von Ihnen vor seiner Garage geparkt hat.	Zum Glück ist nichts weiter passiert. Nur gut, dass er nicht von seinen eigentlichen Sorgen redet.
Sie verpassen Ihren Flug.	Sie nehmen ein Last-Minute-Angebot wahr und entdecken deshalb ein Ihnen unbekanntes Land.
...	...

Suchen Sie – wie meine Freundin Eva – die positiven Aspekte und richten Sie Ihre Aufmerksamkeit darauf. Ganz schnell wird es Ihnen besser gehen, auch wenn sich äußerlich nichts verändert hat, weil unsere Energie dorthin geht, wo unsere Aufmerksamkeit ist.

Das Gute im Fokus

Die meisten Menschen glauben ihren Gefühlen vollkommen ausgeliefert zu sein. Dabei beruhen Gefühle immer auch auf ihrer eigenen Entscheidung! Ist die Aufmerksamkeit beim Negativen, fühlen wir uns schlecht, ist sie beim Positiven, fühlen wir uns gut.

Interessanterweise lösen aber nicht nur unsere Gedanken und Fantasien negative Gefühle aus, sondern auch unsere Körperhaltung. Darum geht es in den nächsten beiden Übungen. Diese zeigen Ihnen, wie stark Ihr Einfluss auf Ihre Gefühle ist.

Sich ein schlechtes Gefühl machen

○ **Gelingt leicht**
○ **Verdeutlicht die Beziehung Gehirn–Körper**
○ **Relativiert schlechte Gefühle**

Stellen Sie sich hin, atmen Sie mit einem Seufzer aus, dann lassen Sie die Schultern nach vorn hängen, der Rücken krümmt sich ein bisschen, das Kinn sinkt auf die Brust. Tapern Sie zögernd durch den Raum, den Blick zu Boden gerichtet. Wie lange brauchen Sie, um sich schlecht zu fühlen?

Die Erklärung dieses erstaunlichen Phänomens: Das Gehirn und der Körper kommunizieren sehr direkt. Eine passive, leidende Körperhaltung wie die beschriebene wird gewöhnlich vom Gehirn dann »angeordnet«, wenn Sie Angst empfinden oder sich schämen. Die Übung dreht schlicht den Spieß um: Ihre Haltung gibt Ihrem

Gehirn durch das Nervensystem die Information, dass eine solche Situation eingetreten sei. Also tut das Gehirn, was es immer tut: Es sendet die entsprechenden Neurotransmitter, besonders Cortisol, und Sie fühlen sich gestresst und traurig.

Glücklicherweise funktioniert das auch andersherum. Sie stellen sich etwas Schönes vor und werden mit dem Glückshormon Serotonin oder sogar Endorphin belohnt.

Sich ein gutes Gefühl machen

o Gelingt leicht
o Bringt Ruhe
o Wirkt schnell

Nehmen Sie eine natürliche, aufrechte Körperhaltung ein. Das geht am besten so: Sie stellen Ihre Füße in Schulterbreite nebeneinander und lassen den Oberkörper ganz nach vorne und unten hängen. Der Kopf hängt locker, die Arme hängen neben den Ohren herab. Nun richten Sie Ihren Rücken langsam auf – nur aus der Wirbelsäule heraus. Kopf und Schultern hängen weiter passiv. Während Sie Wirbel für Wirbel aufeinander aufbauen, kommen die Arme von selbst in die richtige Haltung zurück. Die Schultern lassen Sie entspannt, nicht zu weit vorn und nicht zu weit hinten. Der Kopf ist nicht nach hinten gebogen, sondern mit dem Kinn ein paar Zentimeter weit auf die Brust gesenkt.

Nun gehen Sie federnd durch den Raum – mit schwingenden Hüften und leicht wiegenden Schultern. Blicken Sie dabei aufmerksam nach vorn und lächeln Sie ein wenig. Haben Sie zufällig einen Spiegel in der Nähe, dann sollten Sie sich in ihm bewundern und sich anlächeln. Wie fühlen Sie sich jetzt? Besser?

Exkurs: Gefühle und Körper

Den Namen Wilhelm Reich (1897–1957) werden Sie nicht unbedingt kennen. Dieser österreichisch-amerikanische Psychiater, Analytiker und Sexualforscher war ein Schüler Freuds und gilt als Mitbegründer der Körperpsychotherapie. Er fügte Freuds Theorien einen wichtigen Aspekt hinzu. Er entdeckte nämlich – lange vor jeder Gehirnforschung – dass alles, was wir in jungen und sehr jungen Jahren erleben und erleiden, seine Spuren in unserem Körper hinterlässt. So können zum Beispiel kindliche Ängste zu lebenslangen Verspannungen in den Schultern und im Nacken führen. Wir ziehen aus Angst die Schultern nach oben und vorn. Wir »ziehen den Kopf ein«. Deshalb verkürzen sich auf die Dauer die Muskeln. Reich nannte diesen Schutzhaltung als Reaktion auf belastende Gefühle einen »Muskelpanzer«.

Das Wort »Haltung« beschreibt mit seinem Doppelsinn die enge Korrespondenz zwischen Körper und Seele. Welche Haltung wir einnehmen, das besagt einerseits, welche körperliche Position wir zeigen, und andererseits, wie wir Personen und Geschehnisse sehen und beurteilen. Haben wir eine aufrechte, offene Körperhaltung, den Kopf weder gesenkt noch in den Nacken gelegt, können wir Menschen und Situationen offen begegnen. Gehen wir auf diese Art und Weise, mit erhobenem Kopf und leicht schwingenden Hüften und Schultern, können wir auch den Ereignissen und Zielen in unserem Leben leichter entgegengehen.

Versuchen Sie einmal, durch wechselnde Körperhaltung und Bewegung in verschiedene Rollen zu schlüpfen: Gehen Sie wie eine Königin, wie ein kleines Mädchen, wie eine Tänzerin, wie eine alte Frau, wie ein verängstigter Mensch … Nehmen Sie diese Haltungen jeweils einige Minuten lang ein und achten Sie darauf, wie sich Ihr Gefühl dazu verhält. So erfahren Sie, wie viel Gutes für Leib und Seele Sie allein durch Ihren Gang tun können.

Wie die Geschichte ausging

Henrietta war sehr verblüfft über meine einfache Frage, die ihr wohl noch niemand gestellt hatte. Alle Menschen waren wohl von ihrem nachfühlbaren Elend zu sehr berührt gewesen, um danach zu fragen. Die Antwort auf die Frage nach dem Ausgang der Geschichte liegt im Prinzip auf der Hand, denn heute, zehn Jahre später, steht sie ja nicht mehr vor dem Check-in-Schalter, sondern hat das Problem längst hinter sich gelassen.

Henrietta überlegte eine Weile, sah mich dann an und lächelte: »Dann kam die Crew des Flugzeugs vorbei. Ein Mann, offensichtlich der Kapitän, blieb stehen und fragte, was denn los sei.« Die Dame vom Check-in erzählte es ihm, unterbrochen von Henriettas Schluchzen und ihren Beteuerungen, wie wichtig es sei, dass sie das ganze Gepäck mitnehmen könnte. Der Flugkapitän überlegte kurz und sagte dann zu seiner Kollegin: »Checken Sie das bitte alles ein; das geht auf meinen Namen.«

Heute erzählt Henrietta die Check-in-Geschichte wahrscheinlich erst einmal bis zu dem vorläufigen Ende, als sie an der Dame hinter dem Schalter scheitert. Dann, nachdem die Zuhörerschaft gehört hat, wie verzweifelt sie sich damals gefühlt hat, sagt sie: »Aber die Geschichte ging ja noch weiter …« Und sie freut sich immer wieder an dem guten Ende, das ihr jedes Mal neu geschenkt wird. Damals und in den Jahren nach dem Erlebnis hatte sie die positive Wendung aus dem Blick verloren.

Ich weiß nicht ganz genau, wie Henrietta die Geschichte heute erzählt, denn sie ist schon lange nicht mehr meine Patientin.

Viele Menschen wissen, dass sie unglücklich sind. Aber noch mehr Menschen wissen nicht, dass sie glücklich sind.

Albert Schweitzer (1875–1965)

DAS FERIENHAUS: LUFT-SCHLOSS MIT HEIZUNG

Wut macht manchmal blind –
und ist von gestern

Endlich erreichten wir unser gemietetes Ferienhaus in Schottland. Nach fünf Tagen Reise wollten wir dort eine Woche ganz in Ruhe leben. Alles hatte gut geklappt: Die Wegbeschreibung hatte genau gestimmt, der Haustürschlüssel steckte von innen, die Tür war unverschlossen. Das Haus war sauber und bot viel Platz, die Möbel waren ein bisschen alt, aber bequem und gemütlich. Vom Küchen- und vom Schlafzimmerfenster aus gab es einen herrlichen Blick auf Loch Snizort – genau, wie wir es erwartet hatten.

Dann sahen wir weitere Details, auch hier und da einen Zettel, wie mit dem Haus umzugehen sei, in englischer Sprache natürlich. Die Heizung zu bedienen schien recht kompliziert zu sein, und das Warmwasser war mit ihrer Funktion gekoppelt. Warmwasser gab es nur von 6:30 bis 8:30 Uhr und von 18:00 bis 22:00 Uhr.

Sofort bekam ich Herzklopfen und verspürte Ärger, sogar Wut und Hilflosigkeit: Wer wollte mir vorschreiben, dass ich ausgerech-net im Urlaub morgens um halb neun schon geduscht haben und abends um 22 Uhr ins Bett gehen sollte?! Blitzartig gingen mir die verschiedensten Ideen durch den Kopf: Ich überlegte, ob wir gleich wieder abreisen sollten; oder sollte ich empört die Vermieterin anrufen; oder mich lieber nach dem Urlaub beschweren – und natürlich eine Mietminderung durchsetzen? Das alles »gelang« mir in weniger als zehn Sekunden!

Was war geschehen?

Ich hatte mich lange auf diesen Urlaub gefreut. Ein Haus in den Highlands, direkt am Wasser, mit Kamin – das schien mir der Gipfel der Romantik. Ich wollte lesen, kleine, feine Mahlzeiten kochen, wandern … Für alles war ich offen; nur Ähnlichkeit mit dem Alltag sollte es nicht haben.

Natürlich machte ich mir nicht klar, dass das eine kindliche Vorstellung war, fast eine Fantasie vom Paradies. In einem perfekten Paralleluniversum kommt so etwas wie eine Heizung nicht vor und auch keine Gebrauchsanweisung. Und natürlich erst recht nicht, dass mir jemand Vorschriften machen will. Und das Allerschlimmste: Jemand will mich ins Bett schicken!

Es fiel mir einfach ein Brocken alte Lebensgeschichte auf den Kopf: In meinem Elternhaus war es sehr autoritär zugegangen, »Widerworte« wurden nicht geduldet und ich war schon achtzehn, als mein Vater mich das letzte Mal zu Bett schickte.

Etwas so Harmloses wie der Zettel mit den Tipps zur Heizung löste also die reinste Lawine an Gefühlen in mir aus: kindlichen Trotz, pubertäre Wut und Widerspruchsgeist. Ich kam mir vor wie ein Kind, das beim Spielen gestört wird, weil seine Mutter Hilfe im Haushalt verlangt, oder wie eine Jugendliche, die nicht einmal in den Ferien selbst entscheiden darf, wie sie ihre Zeit verbringt. Meine Autonomie war in Frage gestellt – und noch mehr. Und das alles gleichzeitig.

Kleiner Auslöser, große Wirkung

Sie kennen genau wie ich unzählige Variationen dieser Art von »Unglück«: Es fängt damit an, dass uns etwas aus dem Konzept bringt. Es kann sich dabei um eine wirkliche Kleinigkeit handeln. Aber es macht in diesem Augenblick einen Kratzer in das Bild, das wir von etwas hatten. Oder wir sind nicht wirklich aufmerksam und verstehen etwas falsch. Wir haben etwas gehört und nehmen es für bare Münze. Bevor eine Korrektur möglich ist, keift die Amygdala schon: »Was sagt der da? Der will dich beleidigen! Also schrei sofort, dass du das unverschämt findest!« Oder wie in meinem Fall: Die rechte Gehirnhälfte aktiviert ihre negativen Erinnerungen und Emotionen: »Der behandelt mich wie damals meine Mutter, wenn ihr etwas nicht gefiel, was ich tat.«

Schnell fällt das Kind in den Brunnen. Halten wir etwas für eine Tatsache, reagieren wir darauf so, als ob es eine wäre. Klar! Denn täten wir das nicht, müssten wir pausenlos jede einzelne Wahrnehmung hinterfragen: Sitzen wir hier vielleicht einer Täuschung auf? Dann wären wir in allen Reaktionen viel zu langsam und böten dem Feind einen entscheidenden Vorteil. Nur langsam lernt unser Gehirn, dass nicht jedes Raunen im Busch vom wilden Ungeheuer stammt; es kann auch einfach der Wind sein. Und ein bisschen hängt unsere Reaktion natürlich auch ab von unserem Temperament und unserer Lebensgeschichte. Unser Beitrag ist meistens viel größer als der Auslöser!

Der unschuldige Mitmensch, der unsere Reaktion ausgelöst hat, ist dann oft verwundert, erschrocken oder auch seinerseits verletzt. Wie oft haben Sie schon den Satz gehört: »So habe ich das gar nicht gemeint!« oder sogar: »Das habe ich gar nicht gesagt.«? Sind Sie in Ihrer Erregung für so etwas dann noch offen und erreichbar? Es ist sehr schwer, aus dem Drama auszusteigen, und peinlich, es überhaupt angezettelt zu haben.

> ## Die Ursache deines Leids
> ## liegt nicht im Leben draußen, sondern in deinem Ego.
>
> Ramana Maharshi (1879–1950)

Nicht nur ich mache »aus einer Mücke einen Elefanten«. Das tun viele – besonders im Gefolge einer »traumatisierenden Vorerfahrung«, also nach einer »schweren Kindheit«. In diesem Fall ist die Amygdala extrem wachsam, hat doch früher der Säbelzahntiger oft zugebissen. Passiert Ihnen so etwas oft, sollten Sie an einer Veränderung arbeiten. Sie tun damit etwas für sich, Ihre Gesundheit und Ihre Beziehungen. Dass diese intakt sind, ist schließlich eine der wichtigsten Voraussetzungen für ein zufriedenes Leben.

Nehmen Sie sich Zeit, darüber nachzudenken, wo und wann Sie zu heftig auf Kleinigkeiten reagieren. Zu heftig bedeutet, dass Ihre Reaktion der aktuellen Situation unangemessen ist, also von anderen als übertrieben erlebt wird. Die Heftigkeit gilt dann nicht dem heutigen Konfliktpartner, sondern der alten Verletzung.

Wunde Punkte und späte Folgen

Ein Beispiel: In einer Paartherapie beklagt sich der sonst humorvolle und gutmütige Ehemann Thomas, dass er sich manchmal von seiner Frau missachtet fühlt, und zwar immer dann, wenn er sich gerade als besonders entspannt und fröhlich erlebt. Seine Frau Anne zerstöre dann seine gute Stimmung – und er reagiere wütend und gekränkt. Dann sei »das Fest vorbei«. Anne weiß sofort, was er meint: »O ja«, sagt sie, »das geschieht genau dann, wenn du ein paar Biere getrunken hast. Dann fängst du oft an, in deinem furchtbaren Dialekt zu sprechen und schlechte Witze zu erzählen.« Ich frage Renate, warum dieses Verhalten von Thomas so schlimm für sie sei. Sie weiß es genau: »Meine Eltern waren einfache, eher ungebildete Leute und bei uns zu Hause war es streng verboten im Dialekt zu reden. Aus mir sollte schließlich ›einmal etwas werden‹. Und Witze wurden schon gar nicht erzählt; schließlich war das Leben eine ernste Angelegenheit!«

Thomas' Verhalten ruft in ihr also eine belastende Erinnerung an ihr lustfeindliches Elternhaus wach. Deshalb reagiert sie so ablehnend und verächtlich, wenn Thomas auf seine Art fröhlich ist.

Und warum ist für Thomas »das Fest vorbei«, wenn seine Frau ihn zurechtweist? Ihn erinnert das an das böse Verhalten seiner Mutter, die sich bei jeder Gelegenheit, am liebsten vor größeren Gruppen, über seinen Vater und dessen Ungeschicklichkeit lustig machte. Beide Partner wirft die Auseinandersetzung in ihre Vergangenheit zurück. Sie sehen nicht mehr ihren Partner und die aktuelle Lage, sondern erleben die frühere Szene, die sie verletzt und ihre Lebendigkeit eingeschränkt hat.

Heftige Gefühle verstehen

o **Übung für Könner**
o **Fordert Distanz und Objektivität**
o **Fördert Einsicht in Fehlverhalten**

Suchen Sie nach solchen alten Auslösern in Ihrem eigenen Leben – zuerst einmal nur, um Ihre heftigen Gefühle bei äußerlich kleinen Anlässen besser zu verstehen.

Situation, in der Sie gewohnheitsgemäß heftig reagieren	Wahrscheinlicher Grund für Ihre Überreaktion
Die Nachbarin grüßt Sie nicht.	Ich habe Angst, aus der Gemeinschaft ausgeschlossen zu werden – wie damals in der Schule.
...	...

Der Klügere gibt acht: Deeskalation

Bei Konflikten der hier beschriebenen Art sind Notfallübungen wichtig. Sie können helfen, einen Streit gar nicht erst entstehen oder wenigstens nicht eskalieren zu lassen. Dazu steht Ihnen eine Reihe von Übungen zur Verfügung; die folgende einfache Atemübung wiederhole ich hier, weil sie so wichtig und nützlich ist.

Atem schöpfen und lächeln

- Notfallübung
- Jederzeit machbar
- Unschlagbar einfach

Atmen Sie ruhig und tief ein und wieder aus. Dann lächeln Sie. Die umgekehrte Reihenfolge – ausatmen, einatmen, lächeln – funktioniert ebenso gut.

> **TIPP WIE ALT SIND SIE?**
>
> Mit folgender Technik können Sie lernen, angemessen mit heftigen, offenbar »übertriebenen« Gefühlen umzugehen: Fragen Sie sich mit dem ersten klaren Gedanken, den Sie im Drama wieder fassen können: »Wie alt bin ich?« Damit ist gemeint: »Wie alt fühle ich mich gerade?« Schon allein diese Frage und ein kurzer Moment des Nachdenkens bringen ein bisschen Ruhe in die aufwallenden Emotionen. Auf die Frage folgt Ihre Antwort: Alles ist möglich – von ganz klein bis spätpubertär. Fühlen Sie sich wie fünf oder sieben Jahre alt, oder siebzehn? Für welches Alter sind Ihre momentanen Gefühle typisch? Wenn Sie Ihr Gefühl einer Phase zuordnen können, lächeln Sie und sagen sich: »Für dieses Alter war meine Reaktion angemessen!« So können Sie sich etwas beruhigen und ersparen sich zugleich Scham und Selbstvorwürfe. Wir sind eben nicht immer erwachsen – das wäre ja auch schade!

VOM ÄRGERNIS RUCK, ZUCK ZUM PROBLEM

> **Ziel eines Konfliktes oder einer Auseinandersetzung soll nicht der Sieg, sondern der Fortschritt sein.**
>
> Joseph Joubert (1754–1824)

Eine andere leicht zu lernende Notfallübung nenne ich »Heuwägelchen«. Das sagte meine Mutter immer zu mir, wenn ich ihr ganz dringend etwas erzählen wollte und vor lauter Aufregung kein Wort herausbekam – oder alle gleichzeitig. Seltsamerweise beruhigte mich dieses zusammenhanglose und willkürlich gewählte Schlüsselwort meistens, obwohl ich sonst auf jede Unterbrechung eher wütend reagierte.

Heuwägelchen

- Notfallübung für Einsteiger
- Lenkt vom gegenwärtigen Konflikt ab
- Am wirksamsten, wenn häufig wiederholt

Sie kennen bestimmt die Methode oder Aufforderung »zähl erst einmal bis zehn«. Damit will man vor der drohenden Gefühlsexplosion ein wenig Zeit gewinnen, um sie vielleicht doch noch abzuwenden oder abzuschwächen.

Vielleicht gelingt es Ihnen ja, sich mit dem Zählen zu beruhigen. Meine Erfahrung ist allerdings: Worte oder Sprüche wirken stärker, besonders wenn sie uns irgendwie positiv in Erinnerung sind. Seit einiger Zeit »fahre« ich ein neues Heuwägelchen, einen Zungenbrecher, den ich allerdings lange üben musste: »Thiruvananthapuram«. Nur nebenbei: So heißt die Hauptstadt von Kerala, einem indischen Bundesstaat. Finden Sie also Ihr persönliches »Heuwägelchen« und benutzen Sie es immer wieder.

Heuwägelchen für zwei

o Notfallübung für Einsteiger
o Zu empfehlen für Zweierbeziehungen
o Kann Konflikte entschärfen

Sie können auch jemand anderen – etwa Partner, Kind, Freundin – dieses Wort, das Sie ausgesucht haben, zu Ihnen sagen lassen. Das ist eine wirkungsvolle Hilfskonstruktion. Wichtig ist, dass der andere nicht wütend ist, sondern gelassen, aber laut und deutlich dieses Wort zu Ihnen sagt. So fängt der Streit gar nicht erst an, sondern dieses irritierend abseitige Wort – »Rhabarbergrütze«, »Altpaläolithikum«, »Trinitroisobutyltoluol« ... – bringt Sie zum Lächeln und schon schrumpft der Säbelzahntiger wieder zu der Menschengestalt, die Ihnen gegenübersteht.

Die folgende Übung ist eigentlich ganz einfach, verlangt aber eine gehörige Portion Einsicht.

Zugeben und erklären

o Notfallübung für Könner
o Setzt Selbstkritik voraus
o Fördert gegenseitiges Verstehen

Meist reagieren wir nicht nur übertrieben auf unsere psychischen »Allergieauslöser«, sondern bestehen auch noch darauf, damit völlig im Recht zu sein. Mitunter bleibt der Konflikt dann ungeklärt und manchmal müssen wir uns Stunden oder Tage später entschuldigen. Leichter geht es – am besten nach einem Innehalten mithilfe von »Heuwägelchen« –, wenn wir gleich zugeben: »Ja, da hast du Recht; ich habe überreagiert. Du hast mich halt an einer empfindlichen Stelle erwischt. Meine Mutter hat mir immer, wenn ich...« Die dann folgende Erklärung kennen Sie, wenn Sie etwas Selbsterforschung treiben (siehe Seite 144). Nach der Erklärung der Hintergründe versuchen wohlmeinende Menschen, nicht mehr an Ihre wunden Punkte zu rühren.

Konkret bleiben, nicht pauschalisieren

Fast jeder bauscht seine Vorwürfe mehr oder weniger bewusst durch unzulässige Verallgemeinerungen auf, die den anderen ins Unrecht setzen sollen. Jeder kennt solche Standardvorwürfe: »Aber du hast ja auch...«, »Immer musst du...«, »Kannst Du nicht *ein* Mal...?« Und so weiter. So bauen wir unsere eigenen Aggressionen ab – aber die unseres Gegenübers auf. Dessen Reaktion auf Ihre möglicherweise berechtigte Kritik wird dann umso heftiger ausfallen. Da haben wir ihn, den klassischen Einstieg in eine eskalierende Szene. Dieses polemische Sprachspiel können Sie sich abgewöhnen; es gibt Alternativen.

Geld und gute Worte

- Einsteigerübung, erfordert etwas Ausdauer
- Fördert die Selbsterkenntnis
- Bremst unnötige Eskalationen

Machen Sie eine Liste von destruktiven Wörtern und Wendungen, die schlechte Stimmung machen und andere kränken: *immer, nie, alle, jeder, nur ich, immer ich, immer muss ich, nie tust du...* Jedes Mal wenn Sie im Streit etwas davon aussprechen, nehmen Sie sich einen Augenblick Zeit, um zu überlegen, was Sie stattdessen hätten sagen können. Dabei kommt heraus, was Ihre wirklichen Wünsche sind. Ein typisches Beispiel: »Nie hörst du mir zu.« Die tiefere Bedeutung: »Ich habe manchmal Angst, dir nicht wichtig zu sein.« Für jede Umformulierung, die Sie finden, wandert ein Euro in eine Kasse und für jedes Mal, wenn es gelingt, die negative Formulierung gar nicht erst auszusprechen, gibt es fünf Euro! Am wirksamsten ist die Übung, wenn sich beide Partner beteiligen.

Wie die Geschichte ausging

Das Ende der Geschichte mit dem Ferienhaus ist ein bisschen peinlich – leider für mich: Als ich mich etwas eingekriegt hatte, nahm ich mir schließlich den Zettel genauer vor und las dort auch eine genaue Anweisung, welchen Knopf man drücken musste, um zu beliebigen Zeiten über Heizwärme und Warmwasser verfügen zu können. Das System war ausgesprochen einfach zu bedienen; sogar ich verstand es sofort.

Mein Sohn David – der mit dem Sehtest (siehe ab Seite 36) – pflegt bei einem Lapsus wie diesem zu sagen: »Wer lesen kann, ist klar im Vorteil.« Recht hat er. Aber wie auch immer: Mir wollte – außer in meiner Fantasie – niemand vorschreiben, wann ich zu duschen oder ins Bett zu gehen hätte.

Gott sei Dank war es nicht zu einer Kurzschlusshandlung meinerseits gekommen, weil mein Mann, entweder aus Besonnenheit oder weil er meine Aufregung gar nicht registriert hatte, vorschlug, erst einmal einen echten englischen Tee zu trinken.

Es gibt Leute, die nur aus dem Grund
in jeder Suppe ein Haar finden, weil sie, wenn sie davor sitzen,
so lange den Kopf schütteln,
bis eines hineinfällt. Friedrich Hebbel (1813–1863)

DER JONGLEUR:
SCHWERKRAFT
KONTRA LEICHTIGKEIT

Wie wir mit Blamagen
liebevoll umgehen können

Ich sah bei einem Straßenfest einem Feuerschlucker und Jongleur zu, der jedes Jahr bei diesem Fest auftritt. Er ist bekannt und gut. Nur an diesem Morgen fiel ihm immer mal ein Ball herunter. Anfangs dachte ich, das sei Absicht. Aber wo sollte die Pointe sein? Dann fiel auch beim Jonglieren mit Kegeln einer herunter, dann eine brennende Fackel. Es wurde peinlich, das Publikum unruhig und etliche der Zuschauer wandten sich zum Gehen…

Was war geschehen?

Viele im Publikum hielten es nicht aus, länger zuzusehen, weil sie sich einfach schämten. Sie fühlten sich so, als wären ihnen selbst diese Fehler unterlaufen. Wir kennen diese Gefühle des kleinen und großen Schämens aus vielen Alltagssituationen: Wir kleckern uns Tomatensoße auf die Bluse oder stoßen ein Bierglas um; wir behaupten etwas, wovon wir wirklich überzeugt sind, und dann wird uns das Gegenteil bewiesen…

Die meisten von uns würden am liebsten im Erdboden versinken, wenn sie feststellen, dass sie eine Zusage vergessen haben. Wir schämen uns, wenn wir den Nachbarn auf der Straße übersehen haben, auf einem Fest falsch gekleidet sind, unsere beste Freundin auf einem Fest zu viel getrunken hat … Dieses Gefühl ist derart stark, dass wir uns nicht nur für uns selbst schämen, sondern sogar für andere Menschen – und das umso intensiver, je näher sie uns stehen und je sympathischer sie uns sind.

Schämen ist (nicht mehr) lebenswichtig

Scham entsteht aus unserem innersten Bedürfnis, festes Mitglied einer Gemeinschaft zu sein. Das ist zuerst die Kleingruppe der Familie. Aber bei jeglicher menschlichen Gemeinschaft oder Gruppe ist die Gefahr, ausgeschlossen zu werden, sehr stark mit Angst besetzt. Altertümlich gesehen – aus der Warte des Säbelzahntiger-Gehirns – müssen wir dazugehören, weil wir in der Wildnis alleine kaum Überlebenschancen haben. Nur in der Gemeinschaft leben wir einigermaßen sicher. Und dieses Gefühl hat sich via Amygdala bis heute erhalten. Wir möchten immer dazugehören, ja, wir müssen dazugehören, wenn wir körperlich und seelisch überleben wollen. Aus der Glücksforschung wissen wir, dass ein Leben in einer intakten Gemeinschaft sogar die allerbeste Grundlage für ein zufriedenes Leben ist.

Wir haben verinnerlicht, dass wir für stabile Zugehörigkeit und verlässliches Wir-Gefühl einen spürbaren Preis zu zahlen haben, nämlich ein für die Gruppe mindestens akzeptables Verhalten und relative Unauffälligkeit. Fast jeder von uns ist als Kind schon aus dem Zimmer geschickt worden, weil er sich nicht so verhalten hatte, wie die Erwachsenen es gern haben wollten. Oder unser »Fehlverhalten« wurde lautstark kommentiert: »Setz dich doch gerade hin!«,

VOM ÄRGERNIS RUCK, ZUCK ZUM PROBLEM

»Zieh deine Schuhe aus!« oder: »Rede nicht dauernd dazwischen!«
Damit wurden wir beschämt. Um nicht mehr weggeschickt zu
werden, lernten wir notgedrungen ein angepasstes Verhalten, denn
Scham ist ein äußerst unangenehmes, schmerzhaftes Gefühl. Ganz
nebenbei büßten wir viel von unserer Unbekümmertheit, Kreativität und Spontaneität ein.

Scham – tief verwurzelt und nicht auszurotten

Scham könnte der eigentliche Grund dafür sein, dass Kain seinen
Bruder Abel erschlug. Gott hatte ihn vor Abel beschämt, indem er
nur dessen Opfer annahm, das von Kain aber missachtete! Scham
ist deshalb so unerträglich, weil sie bedeutet, dass wir nicht in
Ordnung sind, so wie wir *sind.* Schuld hingegen ist das Gefühl,
etwas falsch gemacht zu haben. Wir können dafür um Verzeihung
bitten oder etwas wiedergutmachen.

Mit Scham geht das nicht. Sie bleibt an uns kleben und fühlt sich
an wie ein Makel, den alle sehen. So wollen wir uns nicht fühlen!
Aber wir können uns nicht permanent so kontrollieren, dass uns
nicht hin und wieder ein kleines bis mittleres Missgeschick unter-
läuft. Wenn Sie allerdings sehr oft das Gefühl von Scham haben,
das Gefühl »falsch« zu *sein,* brauchen Sie vielleicht therapeutische
Hilfe, um sich davon zu befreien. Die meisten von uns erleben
dieses Gefühl allerdings immer mal wieder, ohne dass es sie sehr
beeinträchtigt. Sie sind also in guter Gesellschaft, wenn Sie ins Fettnäpfchen treten. Und trösten Sie sich: Am Ende wird, wenn es gut
geht, eine kleine Geschichte daraus.

Es ist niemals schwieriger, das rechte Wort zu finden, als wenn man sich schämt.

François de La Rochefoucauld (1613–1680)

Was können wir also tun?

Denken Sie an Ihre eigenen Blamagen, werden Sie sicher feststellen, dass Ihre emotionale Erinnerung »schamlos« übertreibt. Das tut sie fast immer, denn wir erinnern uns nicht an das ursprüngliche Geschehen; das tun wir nur nach dem ersten Mal, bei dem »es passiert ist«. Danach erinnern wir uns an die jeweils letzte Erinnerung und so immer weiter. Jede neue Erinnerung in der Kette ändert den Rückblick etwas. Stimmt es also, dass Sie sich bei Gabis Fest *total* blamiert haben, dass *alle* anderen Sie unmöglich fanden? Und dass Ihnen *immer* Missgeschicke passieren? Kursiv gedruckt sind *böse Wörter*, die Sie aus Ihrem inneren Dialog streichen dürfen. Solche Pauschalisierungen tun Ihnen nicht gut! Wenden Sie sich lieber in Ruhe der folgenden Übung zu.

Der heilsame Rückblick

- **Übung für Könner**
- **Erfordert etwas Zeit**
- **Rückt Bewertungen zurecht**

Denken Sie an eine Situation, die Ihnen peinlich war. Fallen Ihnen mehrere ein, machen Sie die Übung für jede einzeln.

Was war Ihr konkreter Lapsus?

....

....

Wer war dabei, als Sie sich »blamiert« oder geschämt haben?

....

....

VOM ÄRGERNIS RUCK, ZUCK ZUM PROBLEM

Wie haben die einzelnen Menschen reagiert? Schreiben Sie es für jede der anwesenden Personen auf.

....

....

Sind irgendwelche Sanktionen oder Bestrafungen erfolgt? Wurden Sie ausgelacht oder als Kind aus dem Raum geschickt? Ist wegen Ihres Verhaltens ein Kontakt abgebrochen worden?

....

....

Die Antworten sind fast immer: Ja, es wurde gelacht. Und eigentlich war es ja wirklich komisch. Aber keiner von allen hat Ihnen die Freundschaft gekündigt. Sie *machen* mitunter Fehler, aber das heißt nicht, dass Sie falsch *sind*. Sie werden weiterhin gemocht von den Menschen, denen Sie wichtig sind.

Ernstfälle: wenn wirklich etwas passiert

Natürlich können uns auch Missgeschicke passieren, die Schäden anrichten oder andere verletzen. Als erwachsener Mensch übernehmen Sie die Verantwortung dafür. Manchmal genügt bereits ein von Herzen kommendes: »Es tut mir so leid!«

Man kann seine Missgeschicke in der Regel leicht wiedergutmachen und Ihrer Fantasie sind bei dieser Aufgabe keine Grenzen gesetzt. Meine Freundin war einmal sehr verärgert über meinen Rotweinfleck in ihrer handgestickten Tischdecke, einem wertvollen Erbstück. Dafür war aber der von mir finanzierte Einkaufsbummel in der Stadt wunderbar: Ich kaufte meiner Freundin eine neue Tischdecke nach ihrer Wahl. Und anschließend gingen wir noch etwas trinken bei unserem Lieblingsitaliener. Rotwein natürlich.

Das Thema Schuld und Wiedergutmachung hat auch seine Kehrseite: Mitunter haben wir das Gefühl, ein anderer habe uns etwas angetan, und das Gefühl der Kränkung will einfach nicht weichen. Dann ist es zu empfehlen, den vermeintlichen Missetäter anzusprechen. Ich saß zum Beispiel einmal mit Freunden in einem Restaurant und wir plauderten fröhlich über unsere Vorlieben, Hobbys und Interessen. Irgendwann kam meine notorische Leidenschaft für Indien zur Sprache und ich wurde plötzlich Zielscheibe von kritischen Kommentaren. Rudolf, den ich sehr schätze, meinte, es sei egoistisch, allein zu verreisen, und ich würde meine Beziehung gefährden, ich sollte mich doch vielleicht einmal in Therapie begeben … Die anderen stimmten fröhlich ein und schon bald fand ich das Ganze gar nicht mehr lustig, machte aber weiterhin gute Miene zum bösen Spiel. Dann wechselte das Thema.

Noch Tage später war ich gekränkt und bedrückt, wenn ich an diese Szene dachte, und beschloss, sie zu klären. Ich schrieb folgende E-Mail an Rudolf, wobei ich mich bemühte, so undramatisch wie möglich zu sein. »Lieber Rudolf, es war schön, Dich zu sehen, aber ich habe ein kleines Unbehagen. Du hast mir gesagt, ich schade meiner Ehe und sollte eine Therapie machen. Sag mir doch bitte mal (so in Prozenten), wie ernst das alles war und ob ich aufhören kann, mir Gedanken darüber zu machen.«

Rudolf schrieb schnell zurück: »Alles, was ich gesagt habe, war 100 % Spaß und 0 % Ernst! Solltest Du es trotzdem ernst genommen haben, liegt das allein an meiner Ungeschicklichkeit, und ich möchte es zurücknehmen. Bitte gewähre mir das. Du kannst Dein Herz beruhigen. In Zuneigung – Rudolf«

Können Sie sich eine schönere Wiedergutmachung vorstellen? Ich war jedenfalls sehr beglückt und die Freude taucht bis heute immer wieder auf, wenn ich diese E-Mail lese – die ich natürlich ausgedruckt und in mein Freudetagebuch geklebt habe.

> **TIPP** WIEDERGUTMACHEN
>
> Wo spüren Sie einen Rest Unbehagen? Wo könnte jemand Ihnen grollen? Fragen Sie besser offen nach, statt sich auf Ihre oft trügerische Fantasie zu verlassen! Und tun Sie das so undramatisch wie möglich: »Ist alles wieder in Ordnung zwischen uns?« Wird das nicht bejaht, haben Sie vielleicht etwas wiedergutzumachen. Ist das der Fall, können Sie die beteiligte Person direkt fragen: »Wie kann ich das wiedergutmachen?«
>
> Eine Wiedergutmachung ist dann erfolgreich, wenn sie die negativen Gefühle auf beiden Seiten ausräumt: Ihre Scham und beispielsweise den Groll der Freundin. Das Vorgehen sollte sehr konkret sein und den Wünschen der betroffenen Person entsprechen. Diese müssen nichts mit dem ursprünglichen Geschehen zu tun haben. Zum Beispiel wünschte sich einmal ein Freund, dem gegenüber ich ein Versprechen gebrochen hatte, eine ganztägige Radtour mit mir. Ein echtes Opfer! Da ich eher unsportlich bin, hatte ich ein paar Tage üblen Muskelkater. Aber mit dem Freund war »alles wieder gut«.

Späte Wiedergutmachung

o **Erfordert etwas Mut**
o **Sehr einfach durchzuführen**
o **Behebt alte Belastungen**

Manchmal beschleicht uns das Gefühl, etwas wiedergutmachen zu müssen, das schon sehr lange zurückliegt. Vielleicht haben Sie das »Opfer« längst aus den Augen verloren. Trotzdem: Wenn Sie an die Szene denken, spüren Sie einen kleinen Dorn im Fleisch. Es fühlt sich immer noch schlecht an, peinlich oder schuldbehaftet. Diese Gefühle sollten Sie nicht für immer mit sich herumtragen und es gibt mehrere Möglichkeiten sie loszuwerden: Sie können die Person – auch nach Jahrzehnten noch – einfach anrufen und sagen: »Ich weiß nicht, ob du dich überhaupt noch an mich erinnerst. Ich bin Karin aus deiner Schulklasse. Ich habe dich einmal in der 5. Klasse beim Mathelehrer verpetzt, als du deine Hausarbeiten in der Pause abgeschrieben hattest. Ich wollte dir endlich einmal sagen, dass es mir leidtut.«

Ihre Gesprächspartnerin wird sich bestimmt freuen und sich bedanken. Oder sie sagt: »Ach ja? Das hatte ich schon längst vergessen... Aber schön, wieder einmal von dir zu hören. Was machst du denn inzwischen so?« Sie riskieren gar nichts.

Wichtig ist dabei, dass Sie Ihr Anliegen ruhig, undramatisch und kurz darstellen – ohne übertriebene Selbstbezichtigungen. Formulieren Sie dafür am besten vorher drei bis vier sachliche Sätze, die Sie sagen wollen.

Symbolische Wiedergutmachung

- Erfordert etwas Geduld und Kreativität
- Führt zu einem erlebbaren Schlusspunkt
- Befreit von langfristigen Schuldgefühlen

Wenn Sie jemanden nicht mehr persönlich erreichen können oder wollen, denken Sie sich ein Selbstentschuldigungsritual aus. Schreiben Sie zum Beispiel der Person, der gegenüber Sie sich schuldig fühlen, einen Brief, den Sie eine Weile lang mit sich herumtragen. Von Zeit zu Zeit holen Sie ihn hervor und verdeutlichen sich Ihre Gefühlslage. Spüren Sie, dass die Zeit reif ist, trennen Sie sich von dem Brief – und zugleich von der Schuld. Sie können nun den Brief verbrennen, zum Schiffchen gefaltet auf einen Fluss setzen, als Papierflugzeug dem Wind anvertrauen oder ihn tief in der Erde vergraben. Lassen Sie für Gestaltung und Durchführung des symbolischen Akts Ihrer Fantasie freien Lauf.

Eine andere Möglichkeit der Wiedergutmachung ist es, eine gute Tat zu verrichten – auch wenn sie die betroffene Person gar nicht erreicht. So las ich kürzlich, dass bei einem Kinderheim eine anonyme Spende von 300 Euro eingegangen war. Im beiliegenden Brief gestand der Spender, vor fast zehn Jahren habe er in einem Bankomaten diesen Betrag gefunden, den jemand darin vergessen hatte. Sein Gewissen habe ihn die ganze Zeit gequält. Da er den Geschädigten von damals ja nicht kenne, wolle er seine Missetat auf diese Weise ausgleichen.

Souverän umgehen mit Fehlern und Peinlichkeiten

Es macht das Leben auf Dauer leichter, wenn wir aufrichtig zu unseren Macken stehen. Dann sind sie nicht mehr Schwächen, die wir möglichst verstecken müssen, sondern einfach charakterliche Eigenschaften oder Besonderheiten – ganz ohne negative Bewertung: »Ich bin wohl mitunter ein bisschen rechthaberisch.« Oder: »Da habe ich mich wohl überschätzt.« Beide »Fehler« sind bei der Autorin natürlich nicht zu finden. Aber keine Spur!

Beherzigen Sie den klugen Satz des Erasmus von Rotterdam (1466–1536): »Zu einem vollkommenen Leben gehört ein gewisses Maß an Verrücktheit.« Nicht alles, was Sie sagen oder tun, muss »normal« oder sogar »klug« sein. Also spielen, fantasieren, spinnen Sie Ihre Fäden und wunderbaren Ideen. Sie sind kein Kind mehr, niemand darf Sie zurechtweisen – auch nicht für einen Fleck auf der Bluse. Und wenn jemand der Meinung ist, dass Sie sich verkehrt benehmen, soll er das für sich behalten!

Aber die Fettnäpfchen lauern bekanntlich überall. Daher werden auch Ihnen immer wieder kleine Unglücke und Fehltritte unterlaufen. Also sollten Sie üben, die erste Verlegenheit zu überbrücken.

Sprüche gegen die Peinlichkeit

○ Notfallübung für Einsteiger
○ Mit Freundinnen lustig zu üben
○ Bricht das betretene Schweigen

Nach einem Lapsus in Gesellschaft tritt in der Regel eisiges Schweigen ein. Suchen Sie nach Eisbrechersätzen, die Sie bei solchen Gelegenheiten aus dem Stegreif parat haben. Mit einer schlagfertigen Bemerkung haben Sie fast immer die Lacher auf Ihrer Seite. Und es ist kein Auslachen, denn alle können mit Ihnen fühlen. Das gemeinsame Lachen verhindert zugleich, dass sich eine neue Erinnerung in Ihrem Gehirn festsetzt nach dem Muster: »Immer musst du dich blamieren!« Ein paar Beispiele:

○ »Jacqueline Kennedy hatte immer zwei bügelfreie Blusen in der Handtasche, weil sie so viel kleckerte.«
○ »Man soll die Bluse nicht vor dem Nachtisch loben.« Diese schöne Regel verdanke ich meinem Sohn Florian.
○ »So ein Rotwein- oder Soßenfleck gehört einfach zu einem guten Fest.« Damit können Sie auch anderen beispringen.
○ Wenn Ihnen gerade nichts einfällt, kramen Sie auffällig in Ihren Taschen und sagen: »Irgendwo habe ich doch diesen Zettel mit den Sprüchen für peinliche Situationen …«

Wie die Geschichte ausging

Der Jongleur beherrschte die zuletzt beschriebene Übung offenbar bereits, denn er bückte sich – nun schon zum siebten Mal –, hob die brennende Fackel auf, blickte freundlich in die Runde und sagte: »Na, heute fällt's mir aber leicht.« Das Publikum lächelte und atmete erleichtert auf, die Spannung löste sich. Und mir gefiel dieser kleine Wortwitz, der alle Peinlichkeit hinwegfegte, so gut, dass ich ihn bis heute regelmäßig ausspreche. Mir fällt nämlich oft etwas hinunter.

WÜNSCH DIR WAS –
FÜR DEIN EINZIGES LEBEN

*Wie Verbote aus der Vergangenheit
unser Leben einengen*

Karin war seit einiger Zeit meine Patientin. So ganz verstand ich nicht, was sie depressiv machte. Ich fand, sie war mit allem gesegnet, was wir brauchen, um ein gutes Leben zu führen: Sie war schön, klug und gesund, hatte einen Mann, der sie sehr liebte, und zwei wohlgeratene Kinder. Ihr Beruf als Leiterin einer konfessionellen Privatschule gefiel ihr. Gemessen an ihrer Herkunft aus einer kinderreichen Arbeiterfamilie hatte sie eine beachtliche Karriere gemacht. Gemeinsam mit ihrem Mann, einem Abteilungsleiter im öffentlichen Dienst, verdiente sie so viel Geld, dass man die Familie als wohlhabend bezeichnen konnte.

Trotzdem war sie beherrscht von einem Gefühl, das sie zunächst als »diffuses Unbehagen« bezeichnete. Sie sagte: »Irgendetwas fehlt, ich weiß nicht, was es ist.« Dieses Gefühl wurde manchmal so stark, dass es sie ganz antriebslos werden ließ. Gleichzeitig machte es ihr ein schlechtes Gewissen, weil es ihr objektiv doch sehr gut gehe und sie dafür dankbar sein müsste.

Eine Sache warf dann aber Licht auf Karins inneren Konflikt: Sie verliebte sich in einen Kollegen – was zuerst natürlich ihre Schuldgefühle verstärkte. Sie traf sich mit diesem Mann manchmal zum Kaffeetrinken nach der Schule, einmal ging sie nach einer Konferenz mit ihm zum Essen. Die Therapiestunden waren ganz erfüllt von ihrer Begeisterung für diesen Mann: Wie mutig er sei, welche Abenteuer er bestanden hatte, dass er in einem Jahr ein Sabbatical (arbeitsfreies Jahr) nehmen wollte, um auf eine Weltreise zu gehen. Deutschland und Europa seien sicher sehr schön, habe er gesagt, aber die Welt sei ja so groß ... Er wolle an die Südspitze Chiles, zum heiligen Berg der Aborigines nach Australien und zum Taj Mahal in Indien – so sein Minimalprogramm. Bei dieser Erzählung war Karins Gesicht ganz weich geworden und ich fragte sie, ob sie gern mitreisen würde. Sie antwortete ganz spontan: »Nein, ich hätte ganz andere Ziele!«

Was war geschehen?

Karin war das Kind sehr strenger und pflichtbewusster Eltern, die ihr ein eindeutiges Bild davon vermittelt hatten, was wichtig und richtig sei im Leben. Reisen, Festefeiern oder Spaßhaben gehörten nicht dazu. Man muss seine Pflicht tun, ein guter Mensch sein, der immer bereit ist, sich aufzuopfern und seine Wünsche hintanzustellen. Genau dieses letzte Gebot hatten sie besonders ernst genommen. Wünsche zu haben und um ihre Erfüllung zu kämpfen, empfanden Karins Eltern als oberflächlich und egoistisch – nach dem Motto: »Woanders hungern die Menschen!« Oder: »Wenn du einmal bekommst, was du willst, willst du doch gleich wieder etwas anderes!«

Gerade dieser letzte Satz schien Karin so einleuchtend, dass sie sich den Geboten ihrer Eltern fügte. Sie verbot sich jede Form des Wünschens, lernte nie zu unterscheiden zwischen materiellen

Wünschen und Bedürfnissen des Herzens. Eigentlich war ihr jede Sehnsucht verboten, sich das Leben und die Welt zu erobern. Neugier und Lust auf Abwechslung gehörten schon zu den verbotenen Neigungen, zu den egoistischen Trieben.

Kontakte zu Mitmenschen zählten natürlich zu den wichtigen Verpflichtungen im Weltbild von Karins Eltern. Dieser Umgang musste allerdings immer einen sinnvollen Zweck erfüllen. So war es kein Wunder, dass Karin nie eine Freundin hatte, mit der sie herumalberte oder etwas hätte unternehmen können. Als Erwachsene war sie mit Kolleginnen befreundet, aber der Kontakt war nicht sehr persönlich. Wie auch? Für manche Dinge hatte Karin ja selbst keine Worte. Wie hätte sie darüber reden können?

Alte Prägungen: mit Worten – und ohne

Die Gebote ihrer Eltern hatten Karin nachhaltig geprägt und die Prägung war ihr nicht bewusst, sondern Teil ihrer Persönlichkeit geworden. Unser Verhalten ist viel weniger naturgegeben als das von Tieren. Wir entwickeln es ganz wesentlich, indem wir es von Vorbildern abschauen. Der größte Teil der Erziehung geschieht nonverbal und sie beginnt, bevor wir sprechen lernen. So macht es zum Beispiel einen großen Unterschied aus, ob die Bezugspersonen unsere Kleinkinderbedürfnisse freudig erfüllen oder uns signalisieren, wir sollten lieber das Warten lernen.

So speichert unser Gehirn auf zwei Ebenen, dass es nicht gut ist, überhaupt Wünsche zu haben oder gar zu äußern. Das Gesetz der Eltern prägt sich auf doppelte Weise ein. Es gibt der Amygdala Recht, prägt also eine Haltung wie: Alles Fremde ist gefährlich. Dieses Gesetz spielt gleichzeitig eine Rolle in unserem Stirnhirn, da es oft mit rationalen Behauptungen wie jener von den Hungernden verbunden ist, die schwer zu widerlegen sind.

> **Bei der Erziehung muss man etwas aus dem Menschen herausbringen und nicht in ihn hinein.** Friedrich Fröbel (1782–1852)

Wir nennen sie *Glaubenssätze*. Ein Kind kann sich ihnen nicht entziehen, da es *weiß,* dass die Eltern immer recht haben. Die Gesetze der Eltern können sich natürlich auf alles Beliebige beziehen, nicht nur auf das Wünschen. Aber letztendlich lässt sich alles unter diesem Generalverbot zusammenfassen.

Manche entscheiden sich schon als Kinder, ohne es zu wissen, die eigenen Wünsche einfach nicht wahrzunehmen, auch wenn sie so zentrale Aspekte wie die Gestaltung des Lebenswegs, der Berufs- oder Partnerwahl betreffen. Was in uns davon zurückbleibt, tritt später vielleicht als Depression getarnt zutage.

Ohne Wünsche keine Erfüllung

Die folgenden Übungen sollen Ihnen helfen, Ihre Wünsche herauszufinden und zwei Sorten von Wünschen zu unterscheiden. Als Wunsch bezeichne ich nämlich nicht die Lust, sich ein bestimmtes Buch oder eine neue Hose zu kaufen, was natürlich auch nett ist und was wir vielleicht als kleinen Wunsch gelten lassen können. Ein wirklicher großer Wunsch ist so etwas wie eine Sehnsucht, das Bedürfnis, etwas in unser Leben zu holen, um es größer und reicher zu machen. Es ist etwas, womit wir unsere Persönlichkeit verwirklichen können.

Von Dietrich Bonhoeffer stammt der Satz: »Es gibt ein erfülltes Leben trotz vieler unerfüllter Wünsche.« Sicher hat er damit recht. Gleichzeitig gilt: Erfüllen wir uns Wünsche der richtigen Kategorie, haben wir das Gefühl, ein schönes, volles, gutes Leben zu führen.

Es gibt also zweierlei Arten, wie uns das Wünschen unglücklich machen kann: Entweder ist es in unserem Leben generell verboten oder wir erfüllen uns die falschen Wünsche, weil wir nie gelernt haben, die Stimme unserer Sehnsucht zu hören.

Verborgene Wünsche erkennen

- Fordert Einsicht und Selbstkritik
- Kostet etwas Zeit
- Entlarvt kurzsichtige Begehrlichkeiten

Machen Sie eine Liste von allem, was Sie sich wünschen – ganz unzensiert. Sie brauchen sie ja niemandem zu zeigen. Schreiben Sie hinter jeden Wunsch, was Sie sich davon versprechen, dass er sich erfüllt – zum Beispiel wie in der folgenden Tabelle.

Ihr Wunsch …	… und sein eigentliches Ziel
Eine Weltreise	Dann habe ich etwas Tolles zu erzählen.
Ein rotes Kleid	Dann werde ich mich schön und autonom fühlen – wie die Frau in dem gleichnamigen Buch.
Eine teure Hautcreme	Ich werde mich mehr um mich selbst kümmern.
…	…

Nehmen Sie sich reichlich Zeit für die zweite Spalte. Sie werden feststellen, dass sich hinter einem Wunsch oft ein anderer, größerer versteckt, der bestehen bleiben wird, wenn Sie sich den kleinen konkreten Wunsch erfüllt haben. Der Text in der zweiten Spalte macht Ihnen deutlich, was Ihr eigentlicher Wunsch ist und warum Sie sich manchmal mit Ihrem Leben so unzufrieden fühlen. Um bei dem Beispiel zu bleiben: Der Wunsch nach der Creme verbirgt den tieferen Wunsch nach mehr Zeit für sich selbst.

Ohne Wünsche keine Erfüllung

Versteckte Wünsche führen sehr häufig zu überflüssigen »Frustkäufen«, also sinnlosem Konsum. Wir erhoffen uns etwas von der neuen Bluse, das sich nicht erfüllt; also versuchen wir es eben mit Schuhen… Diese Form von Ersatzbefriedigung macht uns natürlich nicht etwa glücklich, sondern immer noch ärmer und unglücklicher. Ihre Tabelle aus der vorigen Übung ist die Grundlage für die nächste. Nehmen Sie sich etwas Zeit dafür.

Wünsche: die Erfüllung anpeilen

- Übung für Könner
- Sorgt für mehr Realismus
- Zeigt zielführende Aktivitäten auf

Markieren Sie in Ihrer Wunschtabelle die Punkte, die Sie für Ihre großen Sehnsuchtswünsche halten, zum Beispiel mit einem Sternchen. Es wird oft in der zweiten Spalte stehen, nämlich bei den eigentlichen Zielen. Legen Sie nun eine neue Tabelle an: Links stehen Ihre großen Wünsche. Rechts schreiben Sie dazu, was zu ihrer Erfüllung führen könnte.

Ihr eigentliches Ziel…	…und der Weg dorthin
Eine Fernreise	Ich eröffne ein Sparbuch. Ich nehme mir Zeit für einen Besuch im Reisebüro. Ich mache eine Liste aller Orte, die ich sehen möchte. Ich informiere mich über Wohnungstauschbörsen.
Ich möchte mich schöner fühlen, weil ich dann sicherer auftreten kann.	Ich sortiere meinen Kleiderschrank, buche eine Behandlung bei der Kosmetikerin, belege einen Tanzkurs…
Ich wünsche mir mehr Zeit für mich selbst.	Für jeden Montag um 19 Uhr schreibe ich »ICH« als Termin in meinen Kalender. Ich meditiere zweimal am Tag zehn Minuten.
…	…

VOM ÄRGERNIS RUCK, ZUCK ZUM PROBLEM

Für den Fall, dass Sie sich noch nicht sicher sind, ob es sich bei einem Wunsch um einen großen oder kleinen handelt, folgt hier eine Übung, mit der Sie beides unterscheiden können. Sie ist auch geeignet, um zu bestimmen, welche Alternative die richtige ist, wenn Sie bei einer Entscheidung die Wahl haben.

Die wahren Wünsche erkennen

- Übung für Könner
- Verlangt genaue Selbsteinschätzung
- Erweitert die Perspektive

Konzentrieren Sie sich auf den zu prüfenden Wunsch. Imaginieren Sie den Augenblick seiner Erfüllung. Versetzen Sie sich nun nacheinander in folgende zeitliche Abstände nach der Erfüllung:

1. fünf Minuten,
2. eine Woche,
3. einen Monat,
4. ein Jahr und
5. fünf Jahre.

Nun beantworten Sie sich für jeden dieser Zeithorizonte die folgenden vier Fragen: Hat sich mein Leben durch die Erfüllung des Wunschs positiv verändert? War die Wunscherfüllung wesentlich für mich? Hält die Freude darüber bis jetzt an? Was wäre anders gewesen, wenn sich der Wunsch nicht erfüllt hätte?

Wenn Sie nach der Beantwortung dieser Fragen immer noch keine eindeutige Entscheidung finden, warten Sie einen Augenblick und stellen sich die vier Fragen neu, aber mit negativem Vorzeichen: Wie sieht es also zu den genannten Zeitpunkten aus, wenn dieser Wunsch *nicht* in Erfüllung geht? Sind Sie unglücklich, fehlt Ihnen etwas? Oder ist Ihr Leben unberührt davon?

Nach einer ehrlichen Beantwortung dieser Fragen würden viele Blusen nicht gekauft werden, die roten Schuhe aber vielleicht schon, weil sie der Ausdruck für etwas anderes sind: Als Kind hatte sich Karin zum Beispiel immer rote Schuhe gewünscht. Ihre Mutter hatte diesen Wunsch abgelehnt, weil die Schuhe nicht zu Karins übriger Garderobe gepasst hätten.

Wenn Sie nun Ihre eigentlichen Wünsche identifiziert haben, hoffe ich, dass Sie viel Freude daran haben – und Vorfreude.

Die Erfüllung genießen

o Gelingt mit etwas Übung
o Erfordert Fantasie
o Visualisiert ein Stück vom Glück

Wählen Sie einen Ihrer Wünsche, die Sie in der vorigen Übung als wahr erkannt haben. Stellen Sie sich vor, dieser Wunsch wäre schon erfüllt. Malen Sie sich in allen Details aus, wie sich das auf Ihr Leben auswirkt, und genießen Sie dieses Gefühl. Und wenn Sie Lust dazu haben, schreiben Sie die ersten drei Schritte auf, die Sie unternehmen müssten, um sich diesem Bild zu nähern.

Wie die Geschichte ausging

Erst nach dem Auftauchen ihrer Verliebtheit konnten wir Karins *diffuses Unbehagen* umbenennen in *Sehnsucht nach dem Leben:* Der Kollege mit seinem Abenteuerdrang war Symbol für die Gesamtheit ihrer unerfüllten Wünsche. Nun machten wir uns auf die Suche nach Karins eigenen Wünschen, die sie ja mit dem Satz »Ich hätte ganz andere Ziele!« angedeutet hatte. Auf dieser Suche fanden wir auch viele unerfüllte Kinderwünsche, wie den nach den roten

Schuhen. Karin kaufte sich tatsächlich ein Paar rote Ballerinas, die ziemlich genau denen entsprachen, die sie sich als kleines Mädchen vorgestellt hatte. Diese Schuhe wurden für sie zum Symbol dafür, dass sie die elterlichen Glaubenssätze hinter sich gelassen hatte. Darüber, was sie sich wünschen durfte, entschied sie von nun an wirklich selbst. Als Erwachsene wusste sie natürlich, dass nicht alle Wünsche in Erfüllung gehen können.

Karins Verliebtheit war übrigens bald vorbei, noch bevor es zu größeren Verwerfungen in ihrem Leben kommen konnte.

»Liebe dein Leben und dich selbst!«

Häufig werden wir aufgefordert, uns selbst zu lieben – ein schöner Gedanke, ein hehres Ziel. Aber es ist eine sehr radikale und gleichzeitig abstrakte Forderung. Denn Liebe ist nun mal ein Gefühl und zu keinem Gefühl der Welt kann man sich zwingen. Wie soll das gehen und was bedeutet es eigentlich, sich selbst zu lieben? Sollen wir egoistisch sein? Sollen wir uns selbst für den Nabel der Welt halten? Oder spontan tun, was uns einfällt, ohne nach dem tieferen Sinn zu fragen?

Allerlei Formeln sollen auf den Weg der Selbstliebe führen – etwa: »Sorge gut für dich!« oder »Höre auf dein Bauchgefühl!«. Sorge ich gut für mich, wenn ich alles kaufe, was ich haben möchte? Höre ich auf meinen Bauch, wenn ich aus Angst nicht zum Zahnarzt gehe? Da sieht man, dass uns das, was wir unser Gefühl nennen, ganz zu unserem Nachteil geradewegs in die Irre führen kann! Sich selbst zu lieben mag ein Ziel sein, aber es ist nicht der Weg zu einem zufriedeneren Leben.

Dieser Weg führt über die Akzeptanz dessen, was ist, einschließlich aller realen (!) Nöte und Ängste zu mehr Freude und Freundschaft mit sich selbst.

Freude und Dankbarkeit

Selbstliebe ist nicht der Weg, den ich empfehle. Zwei andere Gefühle sehe ich vielmehr als fundamental an für ein gutes, zufriedenes Leben. Sie hängen eng zusammen: Freude und Dankbarkeit! Es gibt umfangreiche und sehr spannende Untersuchungen dazu, wie positiv sich diese beiden Gefühle auf die seelische und körperliche Gesundheit auswirken. »Die höchste Vollkommenheit der Seele ist ihre Fähigkeit zur Freude.« Das sagte schon Luc de Clapiers, Marquis de Vauvenargues, im frühen 18. Jahrhundert. Sein Wort in Gottes Ohr – nein: in Ihres! Hier folgt also unsere letzte Übung.

Freude und Dankbarkeit in Worten

- Einsteigerübung
- Macht die guten Aspekte des Lebens bewusst
- Ruft schöne Erinnerungen wach

Schreiben Sie in zwei Listen alles auf, woran Sie sich in Ihrem Leben erfreuen und wofür Sie dankbar sind. Beziehen Sie sich dabei auf Äußeres und Inneres, Abstraktes wie Konkretes, sowohl auf die Gegenwart als auch auf die Vergangenheit.

Wie? Es gibt nichts Schönes bei Ihnen? Haben Sie nur etwas Geduld und nehmen Sie sich ausreichend Zeit. Sie werden erstaunlich vieles finden, wenn Sie nur den richtigen Blickwinkel einnehmen. Vielleicht beginnen Sie einfach einmal mit den kleinen, alltäglichen Dingen in Ihrer Umgebung.

Drücken Sie sich so konkret und detailliert wie möglich aus. Also nicht nur »meine schöne Wohnung«, sondern »helle, hohe Räume, der wunderbare Blick über die Dächer«. Nicht nur »ich bin dankbar und freue mich über meine lieben Freundinnen«, sondern »die Geduld von Krystyna, wenn ich rechthaberisch

VOM ÄRGERNIS RUCK, ZUCK ZUM PROBLEM

bin, das Lachen von Marlies, wenn sonst keiner meinen Humor versteht, dass Eva und ich uns über viele Kilometer hinweg immer wieder treffen und uns sofort gut verstehen…«

Jetzt sind Sie dran. Also los!

Ich bin dankbar für…	Ich freue mich über…
…	…
…	…

Sie werden – vielleicht wieder einmal, vielleicht zum ersten Mal – feststellen, dass Sie ein ganz wunderbares Leben haben. Sie können Ihr Leben gern mögen, ja, Sie können es sogar lieben – in seinen unendlich vielen Kleinigkeiten, aber auch im Großen und Ganzen. Das wiederum kann Sie erfreuen und Ihre Freude und Dankbarkeit stärken. So gewinnt diese Betrachtung eine Eigendynamik und führt in eine positive Spirale.

Ich bin dankbar, nicht weil es vorteilhaft ist, sondern weil es Freude macht.

Lucius Annaeus Seneca (um 1–65 n. Chr.)

ANSTELLE EINES **NACHWORTS**

Dialog von Amygdala und präfrontalem Cortex
in der rechten Gehirnhälfte

Amygdala: So, du brauchst mich jetzt also nicht mehr?
Du bist alleine schlau und kannst jetzt alles selbst machen.

Präfrontaler Cortex: Nein, das habe ich gar nicht gemeint,
denn ich bin dir ja sehr dankbar, dass du über so viele Jahr-
tausende auf mich aufgepasst hast.

Amygdala: Ja, das war ganz schön anstrengend. Deshalb musste
ich ja so stark und aufmerksam werden. Was glaubst du, wie
schnell dich die fleischfressenden Dinosaurier sonst verschluckt
hätten! Und ein paar tausend Mal wärst du auch schon an
giftigen Pflanzen gestorben.

Präfrontaler Cortex: Na, na! Zur Zeit der Dinosaurier gab es
noch lange keine Menschen. Aber ich gebe ja gern zu, dass du
gut auf mich aufgepasst hast. Nur sind heute die Gefahren viel
kleiner. Ich kaufe mein Gemüse im Supermarkt. Du erschreckst
mich einfach zu oft.

Amygdala: Es gibt sicher noch genügend Gelegenheiten,
bei denen ich mich um dein Überleben kümmern muss.
Hast du denn gar keine Feinde mehr?

Präfrontaler Cortex: Vor allem hätte ich gern weniger Schrecken
und stattdessen mehr Freude und mehr Freunde! Dazu muss ich
stärker werden.

Amygdala: Wie willst du das denn anstellen?

ANSTELLE EINES NACHWORTS

Präfrontaler Cortex: Indem ich neue Sachen lerne, zum Beispiel dass die roten Beeren, die ich heute gesehen habe, Himbeeren heißen und mir besonders gut schmecken.

Amygdala: Okay, kein Problem. Wenn du davon stark wirst, dann iss so viele rote Beeren, wie du willst.

Präfrontaler Cortex: Wenn ich viele neue Dinge lerne und mich freue, bilde ich immer neue Synapsen. Das heißt, ich werde immer stärker. Zum Beispiel: Rote Beeren sind lecker und bedeuten Sommer. Da kann ich draußen im See schwimmen und im Wald herumlaufen. Das ist ganz wunderbar!

Amygdala: Du erschreckst mich jetzt aber wirklich: Du willst im See schwimmen und im Wald herumlaufen? Da muss ich dir aber große Angst machen, denn dort ist es extrem gefährlich wegen der schwimmenden, laufenden und fliegenden Untiere, besonders wegen des …

Präfrontaler Cortex: Amygdala, du musst jetzt ganz tapfer sein, ich muss dir etwas Wichtiges und Schmerzliches sagen!

Amygdala: Was denn?

Präfrontaler Cortex: Es gibt keine Säbelzahntiger mehr!

Amygdala: Darf ich trotzdem mit in den Wald?

Präfrontaler Cortex: Na gut, ganz ohne dich geht es wohl nicht!

BÜCHER, DIE WEITERHELFEN

Amen, Daniel G.: Das glückliche Gehirn. So nehmen Sie Einfluss auf die Gesundheit Ihres Gehirns. Goldmann — *Fundiert und verständlich, viele fokussierte Übungen.*

Daiker, Ilona: Buddhas drei Fragen. Mit Achtsamkeit, Dankbarkeit und Großzügigkeit das Leben verwandeln. GRÄFE UND UNZER VERLAG — *Ein besinnlicher Weg zu geistiger Gesundheit für eher Introvertierte, sehr selbstwirksam!*

Elten, Jörg Andrees: Ganz entspannt im Hier und Jetzt. Rowohlt Verlag — *Tagebuch des Stern-Reporters über seine Zeit im Ashram in Poona, Indien.*

Engelmann, Bea: Reiseziel Glück. Machen Sie sich auf den Weg! Carl-Auer-Systeme — *Ein Arbeitsbuch für alle, die gern über längere Zeit systematisch an ihrem Glück arbeiten wollen; geeignet auch für Zusammenarbeit zu zweit oder zu mehreren.*

Hühn, Susanne: Was dir Kraft gibt. Kleine Rituale für das tägliche Glück. Schirner — *Viele leichte, alltagstaugliche Übungen, in denen es vor allem darum geht, gut zu sich zu sein.*

Klein, Stefan: Die Glücksformel. Oder Wie die guten Gefühle entstehen. Rowohlt Verlag — *Leichte und interessante Lektüre über den Zusammenhang von Gehirnfunktionen und Gefühlen.*

Kornfield, Jack; Feldmann, Christina (Hrsg.): Geschichten, die der Seele gut tun. Arbor-Verlag — *Prima Bettlektüre, auch für akute Notfälle. Kleine Geschichten mit Tiefgang, zum Schmunzeln, Trösten und Sich-Beruhigen.*

Mohr, Manfred: Das Wunder der Dankbarkeit. Wie Wertschätzung das Leben verwandelt. GRÄFE UND UNZER VERLAG — *Ausführliches zu dem Gefühl, das so wichtig für Glück und Gesundheit ist.*

Noë, Alva: Du bist nicht dein Gehirn. Eine radikale Philosophie des Bewusstseins. Piper — *Der Mensch ist weit mehr als sein Gehirn. Die Seele wird uns nicht mitgegeben, sondern wir erschaffen sie vor allem selbst.*

Osho: Das Orangene Buch. Die Osho Meditationen für das 21. Jahrhundert. Innenweltverlag — *Das zuerst 1989 erschienene Bändchen mit meditativen Übungen bietet Anregungen für viele Lebenslagen; nicht nur für Anhänger des Gurus.*

SERVICE

Pressler, Mirjam: Wenn das Glück kommt, muss man ihm einen Stuhl hinstellen. Beltz & Gelberg — *Ein kleines Mädchen lernt in einer schwierigen Situation den Umgang mit ihren Gefühlen. Eine sehr anrührende Geschichte – auch für das eigene »innere Kind«.*

Spitzer, Manfred: Glück ist ... (Hörbuch). Galila Verlag — *Für alle, die lieber hören als lesen. Viele verständliche Informationen über das Gehirn und das Glücksgefühl von dem bekannten Hirnforscher und Psychiater.*

Koch, Christoph: Sternhagelglücklich. Wie ich versuchte, der zufriedenste Mensch der Welt zu werden. Blanvalet — *Viele Beispiele für »praktisches Glück«, besonders gemeinsam mit anderen Menschen.*

Vikas Swarup: Rupien, Rupien! Kiepenheuer & Witsch — *Ein armer Inder gewinnt in einer Quizshow ein Vermögen. Die Romanvorlage zu dem Oskar-gekrönten Film* Slumdog Millionär.

Watzlawick, Paul: Anleitung zum Unglücklichsein. Piper — *Beschreibt humorvoll und mit vielen Geschichten, wie fantasiereich wir uns das Leben schwer machen.*

ADRESSEN, DIE WEITERHELFEN

* Jede Stadt oder Gemeinde verfügt über eine oder mehrere Beratungsstellen zu verschiedenen häufigen Problemsituationen. Die entsprechenden Adressen erhalten Sie bei den **Gesundheitsämtern.**

* Dort erhalten Sie auch die Adressen von **Selbsthilfegruppen** zu allen möglichen Themen und Lebenslagen. Manche davon werden professionell geleitet, andere bestehen nur aus Betroffenen.

* Oft haben **Kirchengemeinden** Beratungsstellen und -angebote.

* **Telefonseelsorge:** Scheuen Sie sich nicht, dort anzurufen, wenn Sie in Not sind. Die Anrufe sind kostenlos und anonym, die Mitarbeiter sind gut ausgebildet und werden regelmäßig professionell supervidiert. Gebührenfreie Rufnummer: 0800/111 0 111

Weiterlesen tut gut.

ISBN 978-3-8338-2734-1

ISBN 978-3-8338-2120-2

ISBN 978-3-8338-2156-1

ISBN 978-3-8338-1916-2

ISBN 978-3-8338-2133-2

ISBN 978-3-8338-1370-2

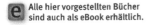
Alle hier vorgestellten Bücher sind auch als eBook erhältlich.

Mehr von GU auf **www.gu.de** und
facebook.com/gu.verlag

Willkommen im Leben.

IMPRESSUM

WICHTIGE HINWEISE

Die Inhalte dieses Buchs wurden von der Autorin nach bestem Wissen erstellt und geprüft. Die Ratschläge sind kein Ersatz für persönlich eingeholten, fachlich kompetenten Rat. Jede Leserin, jeder Leser trägt die Verantwortung für das eigene Handeln. Weder die Autorin noch der Verlag können eine Haftung für eventuelle Nachteile oder Schäden übernehmen, die aus den im Buch gegebenen Hinweisen resultieren. Der Lesbarkeit zuliebe wird auf die sprachliche Unterscheidung zwischen männlicher und weiblicher Form verzichtet.

IMPRESSUM

© **2013 GRÄFE UND UNZER VERLAG GMBH, München.** Alle Rechte vorbehalten. Nachdruck, auch auszugsweise, sowie Verbreitung durch Film, Funk, Fernsehen und Internet, durch fotomechanische Wiedergabe, Tonträger und Datenverarbeitungssysteme jeglicher Art nur mit schriftlicher Genehmigung des Verlags.

Projektleitung: Monika Rolle

Lektorat und Satz: Knipping Werbung GmbH, Berg am Starnberger See

Innenlayout, Typografie und Umschlaggestaltung: independent Medien-Design, Horst Moser, München

Illustrationen: Alberto Ruggieri; S. 11: Shutterstock

Syndication: www.jalag-syndication.de

Herstellung: Renate Hutt

Reproduktion: Repro Ludwig, Zell am See

Druck und Bindung: GGP Media GmbH, Pößneck

ISBN 978-3-8338-3321-2
1. Auflage 2013

Die GU-Homepage finden Sie unter **www.gu.de.**

 www.facebook.com/gu.verlag

Liebe Leserin, lieber Leser,

haben wir Ihre Erwartungen erfüllt? Sind Sie mit diesem Buch zufrieden? Haben Sie weitere Fragen zu diesem Thema? Wir freuen uns auf Ihre Rückmeldung, auf Lob, Kritik und Anregungen, damit wir für Sie immer besser werden können.

GRÄFE UND UNZER Verlag
Leserservice
Postfach 86 03 13
81630 München
E-Mail:
leserservice@graefe-und-unzer.de

Telefon: 0800/723 73 33*
Telefax: 0800/501 20 54*
Mo–Do: 8.00–18.00 Uhr
Fr: 8.00–16.00 Uhr
(* gebührenfrei in Deutschland)

Ihr GRÄFE UND UNZER Verlag
Der erste Ratgeberverlag – seit 1722.

Ein Unternehmen der
GANSKE VERLAGSGRUPPE